しぶとく生き残る秘策77

太田哲二 著

緑風出版

目　次

第1章　所得税　　9

Q1-1　田舎に住んでいる両親を扶養家族にできますか？　　10

Q1-2　要介護が障害者控除の対象というのは、本当ですか？　　13

Q1-3　別居の親を扶養できる、親は要介護で障害者控除も受けられることを今まで知らなかった。遡って控除を活用できますか？　　17

Q1-4　災害の場合、雑損控除と災害減免のどちらを選ぶべきですか？　　20

Q1-5　白アリ駆除は雑損控除の対象ですか？　　23

Q1-6　寄付は所得控除と税額控除のどちらが有利ですか？　　26

Q1-7　損益通算で所得税が「ものすごく減る」と聞いたのですが、なんのことですか？　　30

第2章　住民税　　33

Q2-1　そもそも「住民税非課税制度」とは、何ですか？　　34

Q2-2　住民税非課税の範囲で、「障害者、未成年者、寡婦、ひとり親で、所得135万円以下は、非課税」ですが、所得135万円以下を給与収入に直す計算方法は？　　38

Q2-3　「給与のみ世帯」の非課税限度額の収入額を知りたい。　　40

Q2-4　「年金のみ世帯」の非課税限度額の収入額を知りたい。　　41

Q2-5　「年金＋給与」の単身世帯の場合、どこまで稼げますか？　　44

Q2-6　「年金＋給与」老夫婦2人世帯の場合、どこまで稼げますか？　　47

Q2-7　非課税の人がふるさと納税をすると得なことがありますか？　　50

Q2-8　ふるさと納税の返礼品で人気のあるものは何ですか？　　54

Q2-9　住民税の減免制度があると聞きました。どんな場合、減免になりますか？　　55

第3章　医療保険　59

Q3-1　「社会保険」って何ですか？　60

Q3-2　「（市町村）国保」から「国保組合」へ移行できれば、
　　　　毎月の保険料が半分になるって、本当ですか？　62

Q3-3　フリーランスが社会保険に入って、保険料が激安にな
　　　　る、という話がある。詐欺話ですか？　66

Q3-4　（市町村）国保の保険料を滞納している。どうなるか。
　　　　どうしようか？　68

Q3-5　保険料が7割5割2割減額されると聞きましたが、私
　　　　は、減額されますか？　72

Q3-6　失業した。「（市町村）国保」の保険料がとても高い。
　　　　減額できないか？　76

Q3-7　「（市町村）国保」の保険料を払いたくても、貧しいの
　　　　で、払えません。どうしよう。　80

Q3-8　保険料を滞納しています。出産育児一時金50万円は
　　　　もらえますか？　86

Q3-9　業務外の理由で大怪我をしました。入院で収入がなくなって
　　　　しまいます。どうなりますか？　91

Q3-10　無料で入院できる病院があるって、本当ですか？　93

Q3-11　差額ベッド料・室料は、払わなくてもいいのか？　96

Q3-12　子どもの医療費が○○市では無料になった、と報道さ
　　　　れていました。本当はどうなんですか？　99

Q3-13　母が入院しています。1カ月の医療費が10万円以上になっ
　　　　ています。「世帯分離」で安くなる、と聞きました
　　　　が、本当ですか？　102

第4章　健康第一　107

Q4-1　要介護にならない秘訣は何ですか？　108

第5章　介護保険　　113

Q5-1　親の介護が心配で、どうしたらいいか不安です。どこ
　　　　へ相談すればよいですか？　　114

Q5-2　65歳以上です。介護保険料を安くできませんか？　116

Q5-3　介護保険料の減免は、どんなケースですか？　119

Q5-4　介護サービス費、安くならないでしょうか？　124

Q5-5　特別養護老人ホーム（特養）の費用を安くする方法は
　　　　ありますか？　　128

Q5-6　老人ホームは、どうなっていますか？　133

第6章　住居　　137

Q6-1　持ち家か賃貸か？　138

Q6-2　住宅ローン破綻が確実みたい。どうすべきですか？　140

Q6-3　家賃が払えません。どうすればいいですか？　143

Q6-4　UR賃貸住宅は、抽選ですか？　146

Q6-5　東京都住宅供給公社の住宅の家賃は高いですか安いで
　　　　すか？　入居するのは難しいですか？　149

Q6-6　都営住宅に入居したいのですが、どうすれば入居でき
　　　　ますか？　　153

Q6-7　都営住宅の抽選倍率は高いようですが、何倍ですか？　157

Q6-8　都営住宅のポイント方式のポイントとは、どんなポイ
　　　　ントですか？　　160

Q6-9　火災で焼け出された、どうしようか？　162

Q6-10　貧困ビジネス、無料低額宿泊所の問題は、どうなって
　　　　いますか？　　164

Q6-11　サ高住とは、何ですか？　170

第7章　失業　　173

Q7-1　「基本手当」（失業手当）を多くもらう方法はあります　か？

Q7-2	「会社都合」退職と「自己都合」退職、どちらがいいですか？	174 176
Q7-3	給付日数を延長できませんか？	178
Q7-4	「第2のセーフティネット」とは何ですか？	181
Q7-5	なんとか働いています。でも住む家がありません。どうすればいいのでしょうか？	186
Q7-6	「TOKYOチャレンジネット」の「介護職支援コース」の「貸付金返済免除」ってなんですか？	188
Q7-7	受験生チャレンジ支援貸付は合格・入学すれば返済免除ですが、収入要件は、どうなっていますか？　今年の6月に失業しました。	190
Q7-8	年金と基本手当（失業手当）の二重取りは可能ですか？	192

第8章　公的年金 195

Q8-1	年金額を増やせないでしょうか？	196
Q8-2	何歳から老齢年金をもらうのがいいでしょうか？	199
Q8-3	国民年金の毎月の掛け金が払えません。何か対応策はありますか？	202
Q8-4	産前産後の期間は、国民年金の保険料が免除と聞きましたが、本当ですか？	206
Q8-5	「特別支給の老齢厚生年金」を支給されますか？	208
Q8-6	「加給年金」って何ですか？　もらっていない人が多いと聞きますが。	211
Q8-7	公的年金の将来はどうなりますか？	215
Q8-8	在職老齢年金（50万円の壁）は、どうなりそうですか？	217
Q8-9	遺族年金の改正が予定されていますが、どんな内容ですか？	219
Q8-10	寡婦年金とは何ですか。遺族年金とどう違うのですか？	223
Q8-11	障害年金の大改正が、2025年（令和7年）に予定さ	

	れています。どんな内容ですか？	225
Q8-12	市区町村の心身障害者福祉手当は、身体・知的に比べ 精神は金額が少なかったり、ゼロだったりしています。なぜ ですか？	229
Q8-13	精神疾患の状況は、どうなっていますか？	232
Q8-14	障害年金をもらえる障害程度にもかかわらず、もらっ ていない人はどの程度いるのですか？	234
Q8-15	専業主婦が離婚したら、年金はどうなりますか？	236

第9章　借金処理　　　　　　　　　　　　　　237

Q9-1	借金処理の極意は？	238
Q9-2	任意整理を希望しても、金融機関は NO と言いません　か？	241
Q9-3	自己破産したいけれど、その費用がありません。	247
Q9-4	ヤミ金に引っかかった。どうしようか。	250

第10章　老後　　　　　　　　　　　　　　　　253

Q10-1	やや IQ が低いが、知的障害のレベルではありません。親 が 亡くなって一人暮らしになり、心配です。	254
Q10-2	単身です。死んだら後が心配です。	257
Q10-3	一番安いお墓は、どこですか？	259

コラム	103 万円の壁、どうなるのか？	32
コラム	地方活性化の秘策	112
コラム	小倉百人一首……しぶとく生き残る	252

第 1 章

所得税

Q1-1

田舎に住んでいる両親を扶養家族にできますか？

Answer

できます。扶養の要件には、「同居」「同一世帯」はありません。

扶養控除とは

◎東京・大阪には、地方出身の人が多く住み働いています。老年の両親は地方でつつましく暮らしています。そうしたケースが非常に多くあります。扶養控除が活用できるのに、ボンヤリして、余分の税金を払っている人がとても多いようです。

◎「所得控除」（基礎控除、配偶者控除など15種類）の中の一つです。「控除」とは「引き算」の意味です。

　扶養控除の要件は、次のとおりです。要件の中には、「同居」「同一世帯」はありません。

　　①6親等内の血族、3親等内の姻族（16歳未満は適用なし）。

　　②年間の合計所得金額が48万円以下（給与所得だけの場合は、収入に換算すると103万円以下）。

　　③他の人の扶養家族、控除対象配偶者になっていない。

　　④青色事業専従者、事業専従でない。

◎控除額

　控除額の図表1-1-1は、令和5年分のものです。令和6年10月から児童手当が、「中学生（16歳）」までから、「高校生（18歳）」までに拡充されました。最初の支給は令和6年12月です。その関係で、時期は分かりませんが、「0〜16歳未満」が「0〜18歳未満」に変更される可能性があります（令和6年7月21日時点では未定）。

図表 1-1-1　令和 5 年分の扶養控除の控除額

区分		控除額
0 ～ 16 歳未満 （令和 6 ～ 7 年分から 0 ～ 18 歳未満に改正の可能性）		なし。代わりに児童手当 （令和 6 年 10 月から 18 歳に拡充された）
一般の扶養親族		38 万円
特定扶養親族（19 歳以上 23 歳未満）		63 万円
老人扶養親族（70 歳以上）	同居老親等	58 万円
	同居老親等以外	48 万円

◎社会保険でも「扶養控除」の用語が出てきますが、要件が異なりますので、ご注意を。

　児童手当の改正

　前段で児童手当改正の話がでましたので、一言。

　児童手当の改正が令和 6 年 10 月分から始まります。支給は 12 月です。参考までに、概要を掲載します。

　制度改正により、申請が必要な人がいます。申請が必要かどうかは、市町村で聞いてください。

図表 1-1-2　児童手当の改正

	改正前（令和 6 年 9 月分まで）	改正後（令和 6 年 10 月分から）
支給対象	中学生（15 歳到達後の最初の年度末まで）	高校生（18 歳到達後の最初の年度末まで）
所得制限	あり	なし
手当月額	3 歳未満 月 15,000 円 3 歳～小学校修了まで 第 1 子・第 2 子：月 10,000 円 第 3 子以降：月 15,000 円 中学生：月 10,000 円 ※所得は「制限」以上「上限」未満は、特例給付で月 5,000 円	3 歳未満 第 1 子・第 2 子：月 15,000 円 第 3 子以降：月 30,000 円 3 歳～ 18 歳 第 1 子・第 2 子：月 10,000 円 第 3 子以降：月 30,000 円 ※所得制限がなくなったので、特例給付なし。
支給月	2 月、6 月、10 月（年 3 回）	偶数月（年 6 回）

第 1 章　所得税

所得税は4段階構造（5段階構造）

所得税の基本中の基本ですから、ぜひ暗記してください。

第1段階

　　収入－必要経費（給与所得なら給与所得控除）＝所得（10種類）

第2段階

　　所得－所得控除（基礎控除・扶養控除など15種類）＝課税所得

第3段階

　　課税所得×税率＝所得税額

第4段階

　　所得税額－税額控除（住宅ローン控除など）＝基準所得税額

第5段階（2037年12月31日までの臨時）

　　基準所得税額×1.021＝納税額（所得税＋復興特別所得税）

　日常会話では、「収入」と「所得」をごちゃ混ぜにして使用しても通じます。しかし、役所がからんだ場合、絶対に区別して下さい。**「収入」と「所得」は違うのです。**「収入」と「所得」は違う。「収入」と「所得」は違う。絶対に区別してください。

　「所得」については、**「合計所得金額」**という言葉が、よく登場します。これは、2種類以上の所得がある場合、たとえば「給与所得」と「不動産所得」（家賃・地代）の2つの所得がある場合、単純に足し算したのが「合計所得金額」です。ただし、単純な足し算でない組合せもあります。

　また、**「総所得金額等」**という言葉も、よく登場します。これは、「合計所得金額」から翌年に繰り越すことが認められている損失額を差し引いた金額が「総所得金額等」です。となると、「翌年に繰り越すことが認められている損失額」とは何か、とゴチャゴチャした話になってしまうので、あっさりと、通常は「総所得金額等」は「所得」と思えばいいです。

　とにかく、所得税4段階構造（5段階構造）を覚えてください。

Q1-2

要介護が障害者控除の対象というのは、本当ですか？

Answer

本当です。要支援はケースバイケースです。

錯覚・誤解を生む説明が蔓延

障害者控除は、15種類の所得控除の一つです。要介護が障害者控除になることを知らないため、余分の税金を支払っている人が非常に多くいます。

また、障害者控除と扶養控除はダブルで受けられます。となると、金額が大きくなります。

①とりあえず障害者控除の概要

所得税の納税者本人、同一生計配偶者、扶養親族が、

障害者（要介護者も含む）、特別障害者の場合、

障害者控除が利用できます。控除額は下記です。

図表1-2-1　障害者控除の控除額

区分	所得税の控除額	住民税の控除額
障害者	27万円	26万円
特別障害者	40万円	30万円
同居特別障害者	75万円	53万円

②錯覚・誤解を生む説明

たとえば、『令和5年分　所得税及び復興特別所得税の確定申告の手引き』には、「介護保険法の要介護認定を受けただけでは障害

第1章　所得税　13

者控除の対象とはなりません」と書いてあります。これを読んで、「なんか、要介護で障害者控除の対象になるのは、難しいかも」と思ってしまう人が生じます。

別段、難しい話ではありません。

市町村の介護保険の窓口へ行って、「障害者控除対象者認定書をください」と言えば、無料で頂けます。それを添えて、確定申告をすればOKです。

③市町村によって、ほとんど説明なし

2000年（平成12年）に介護保険法が施行されました。その時から、私は、要介護と障害者控除の関係を重要関心事としていました。

その頃の思い出話ですが、税専門家に「**ほとんどの人が要介護者が障害者控除の対象になることを知らない**」と話したら、その税専門家は「私の妻は要介護3なので医師に診断書を書いてもらって障害者控除を活用した」と話されました。医師の診断書は、数千円も支払わねばならないし、すぐには書いてくれない。当時は税専門家でも、そんな知識でした。

2006年（平成18年）、鹿児島市（人口60万人）は、要介護1以上で特定の低所得者（税制改正で非課税から課税になった人）約550人に、「障害者控除対象者認定書」の案内を郵送したら、申請件数が平成17年が60件だったものが、平成18年は390件に跳ね上がりました。要するに、ほとんどの人が知らなかったということです。

そんなことで、「要介護と障害者控除の関係」を普及させるため、あれこれやっていたら、日経新聞に私のコメントがのりました。そしたら、2007年（平成19年）4月1日から、杉並区HPは障害者控除対象者認定の認定基準を公表しました。これは、画期的なことでした。

これで認定基準の公表が一般的になると期待したのですが、多くの市町村のHPは、あいかわらず、「障害者に準ずる者」だけの

記載しかありません。本当に、「障害者に準ずる者」とだけしか書いてありません。そして、私の推測ですが、市町村によって認定基準に差がある可能性があります。たぶん、差があるでしょう。

　ともかくも、市町村に差があろうが無かろうが、それよりも、**「要介護者は障害者控除の対象者である」**を普及させることが肝心です。

④毎年、障害者控除対象者認定書を提出するのか？

　一回提出すれば、毎年提出する必要はありません。しかし、「障害者控除」から「特別障害者控除」に変化する場合は、必要です。

図表 1-2-2　杉並区の障害者控除対象者認定基準

特別障害者に準ずる者	
認定区分	障害者控除対象者認定基準
身体障害者（1級、2級）に準ずる者	要介護3以上、かつ介護保険の認定調査票記載の「障害高齢者の日常生活自立度」がB以上の者
知的障害者（重度）に準ずる者	要介護3以上、かつ介護保険の認定調査票記載の「認知症高齢者の日常生活自立度」がⅢ以上の者
障害者に準ずる者	
認定区分	障害者控除対象者認定基準
身体障害者（3級～6級）に準ずる者	要支援・要介護に認定、かつ介護保険の認定調査票記載の「障害高齢者の日常生活自立度」がA以上の者。ただし特別障害者に準ずる者を除く。
知的障害者（軽度、中度）に準ずる者	要支援・要介護に認定、かつ介護保険の認定調査票記載の「認知症高齢者の日常生活自立度」がⅡ以上の者。ただし特別障害者に準ずる者を除く。

出所：杉並区ＨＰより

「障害高齢者の日常生活自立度」と「認知症高齢者の日常生活自立度」

　杉並区の障害者控除対象者認定基準（図表 1-2-2）の中に、「障害高齢者の日常生活自立度」と「認知症高齢者の日常生活自立度」が記載されています。自立度ランクは、役所のコンピュータに入っています。参考までに掲載しておきます。「障害高齢者の日常生活自立度」は、「寝たきり

第1章　所得税　　15

度」と俗称されています。

図表 1-2-3　障害高齢者の日常生活自立度

生活自立	J	何らかの障害等を有するが、日常生活はほぼ自立しており独力で外出する。 交通機関等を利用して外出する。 隣近所へなら外出する。
準寝たきり	A	屋内での生活は概ね自立しているが、介助なしには外出しない。 介助により外出し、日中はほとんどベッドから離れて生活する。 外出の頻度が少なく、日中も寝たり起きたりの生活をしている。
寝たきり	B	屋内での生活は何らかの介助を要し、日中もベッド上での生活が主体であるが、座位を保つ。 車いすに移讓し、食事、排便はベッドから離れて行う。 介助により車いすに移乗する。
寝たきり	C	一日中ベッド上で過ごし、排泄、食事、着替において介助を要する。 自立で寝返りをうつ。 自力では寝返りもうてない。

出所：杉並区HPより

図表 1-2-4　認知症高齢者の日常生活自立度

I	何らかの認知症を有するが、日常生活は家庭内及び社会的にはほぼ自立している。
IIa	日常生活に支障を来すような症状・行動や意志疎通の困難さが多少見られても、誰かが注意していれば自立できる。 家庭外で上記の状態が見られる。
IIb	日常生活に支障を来すような症状・行動や意志疎通の困難さが多少見られても、誰かが注意していれば自立できる。 家庭内で上記の状態が見られる。
IIIa	日常生活に支障を来すような症状・行動や意志疎通の困難さがときどき見られ、介護を必要とする。 日中を中心として上記の状態が見られる。
IIIb	日常生活に支障を来すような症状・行動や意志疎通の困難さがときどき見られ、介護を必要とする。 夜間を中心として上記の状態が見られる。
IV	日常生活に支障を来すような症状・行動や意志疎通の困難さが頻繁に見られ、常に介護を必要とする。
M	著しい精神症状や問題行動あるいは重篤な身体疾患が見られ、専門医療を必要とする。

出所：杉並区HPより

Q1-3

別居の親を扶養できる、親は要介護で障害者控除も
受けられることを今まで知らなかった。遡って控除
を活用できますか？

Answer

税の時効は5年間です。5年間だけ、遡れます。たぶん、
数十万円、還付されます。

還付請求権の時効は5年

【モデル問題】

具体的モデルで考えてみます。東京都民の夫婦で、高齢の両親は千
葉県に住んでいます。

夫は、給与のみで年収700万円。

妻は103万円の壁を意識してパートで90～100万円。

千葉の父親（98歳）は、年金収入150万円。所得に換算すると、[150
万円－110万円（公的年金等控除）＝40万円（所得）]

千葉の母親（93歳）は、年金収入70万円。

千葉の両親は2人とも、5年前から要介護1になった。東京の息子夫
婦は、1週間に1回は千葉へ出かけて、様々な支援を行っていた。そし
て、今般、「同居」「同一世帯」でなくても扶養控除OK、要介護だから
障害者控除OKを知った。時効が5年間あることも知った。還付金はい
くらになるか？

【モデル解答】

＜1＞夫の所得税を計算

第1段階　　700万円（収入）－180万円（給与所得控除）＝520万円
　　（所得）

※給与所得控除は、「6,600,001円から8,500,000円までは、収入×10

％＋ 1,100,000 円」

の計算となっています。180 万円となります。

第 2 段階　　520 万円（所得）－所得控除（197 万円）＝ 323 万円（課
　　　　　税所得）

※所得控除は 15 種類あります。モデルの場合、

　　　基礎控除：48 万円、配偶者控除 38 万円、社会保険料控除：105
　　万円（収入の 15％と仮定）、生命保険料控除（一応 4 万円）、地震保険
　　料控除（一応 2 万円）で、所得控除合計 197 万円とします。

第 3 段階　　323 万円（課税所得）×税率＝ 22.55 万円（所得税額）

※所得税の税率は、5％から 45％の 7 段階の累進税率になっています。
　1 段階ずつ計算するのは大変なので、次の「所得税の速算表」で計
　算すると簡単です。そうすると、所得税額は、[323 万円× 10％－
　9 万 7,500 円＝ 22 万 5,500 円]となります。したがって、実際の所
　得税率は、[22 万 5,500 円÷ 323 万円＝約 7％]の計算で、約 7％と
　なります。

図表 1-3-1　所得税の速算表（平成 27 年分以後）

課税所得（課税所得は 1,000 円未満切り捨て）	税率	控除額
1,000 円から 1,949,000 円まで	5%	0 円
1,950,000 円から 3,299,000 円まで	10%	97,500 円
3,300,000 円から 6,949,000 円まで	20%	427,500 円
6,950,000 円から 8,999,000 円まで	23%	636,000 円
9,000,000 円から 17,999,000 円まで	33%	1,536,000 円
18,000,000 円から 39,999,000 円まで	40%	2,796,000 円
40,000,000 円以上	45%	4,796,000 円

第 4 段階　　22 万 5,500 円（所得税額）－税額控除＝ 22 万 5,500 円
　　　　　（基準所得税額）

※住宅ローン控除などの税額控除をゼロと仮定します。

第5段階　22万5,500円（基準所得税額）× 1.021 ＝ 23万235円（納
　　税額＝所得税＋復興特別所得税）

＜2＞両親の扶養控除と障害者控除を計算する
◎両親はともに70歳以上なので、「老人扶養親族」の「同居老親等以
　外」で、控除額は1人48万円、2人で96万円。
◎両親はともに障害者控除に該当するので、控除額は1人27万円、
　2人で54万円。
◎1年あたり、(96万円＋54万円)×約7％＝10万5000円
◎時効5年分が請求できるので、10万5000万円×5＝52万5000円

＜3＞モデルは、税務署で手続きすれば、52万5000円還付されます。
　手続き方法は、第1に、近くの税務署の受付へ行って、「**両親の扶
　養控除と障害者控除を5年間、やっていませんでした。還付の請
　求をしたいのですが、教えてください**」とお願いすれば、説明書
　類を渡されて「これと、これと、これの書類を用意して、再度来
　てください」となります。税務署の書類をもらっても、自分で計
　算できなければ、用意した書類を持って税務署に相談して書くよ
　うにすれば大丈夫です。そうすれば、約2〜3カ月後に振り込ま
　れます。銀行通帳を眺めて、ニッコリ微笑む夫婦でありました。

第1章　所得税　19

Q1-4

災害の場合、雑損控除と災害減免のどちらを選ぶべきですか？

Answer

わかりません。通常は雑損控除です。

雑損控除と災害減免法

災害で被害を受けた時は大変です。混乱の最中、超難解な税金問題に取り組まねばなりません。所得控除（15種類）の一つである「雑損控除」で所得税を減らすか、それとも、災害減免法で所得税を減らすか。二者択一の大問題に取り組まねばなりません。平穏な時でも解けない超難問を、「混乱の最中に解け」と言われても、頭がパニックになるだけです。

日本の災害復旧が遅い原因の一つは、緻密さを求めるため複雑なシステムをつくってしまったことにあるように思われます。その一つが、雑損控除と災害減免法の選択です。

どちらが有利か？

私が調べた限りでは、「わかりません」。複数の会計事務所のＨＰを見ても、「よく比較してください」が結論です。

単純にいえば、大被害の場合、どちらを選択しても所得税・住民税は無税になる可能性が大です。

小被害の場合は、雑損控除しかできませんので、忘れずに雑損控除を利用しましょう。

本当は、9パターンから1つを選択

前段では、雑損控除と災害減免法の二者択一と書きましたが、大災害の場合は、9者択一となっています。「雑損控除の簡易計算」が発表さ

図表 1-4-1　雑損控除と災害減免法の比較

	雑損控除	災害減免法
損失の発生原因	災害、盗難、横領	災害
対象となる資産の範囲	通常の資産（書画・貴金属はダメ）	損失額が住居・家財の価値の2分の1以上（少々の被害ではダメ）。
所得税の軽減額 [確認注意点]	所得控除額は、①②の多い方です。 ①損失額－所得金額の10分の1 ②損失額のうちの災害関連支出（＝取壊し・除去費用）の金額－5万円 [所得控除の額です]	所得1,000万円以下が対象です。 所得金額で所得税軽減額が決まる。 500万円以下…損害額の全額免除 500万超750万以下…2分の1軽減 750万超1,000万以下…4分の1軽減 [税額控除の額です]
翌年以降の繰越控除	翌年以後3年間の繰越控除ができます。	翌年以降の繰越控除はなし。
所得制限	なし	所得1,000万円以下
住民税との関係	住民税に連動して減税されます。	住民税に連動しません。 ただし、別途、「住民税の申告」をすれば、住民税も減税されます。

れます。したがって、所得税レベルでは、「①雑損控除の簡易計算」「②雑損控除の原則計算」「③災害減免法」の3種となります。それに加えて、住民税でも「雑損控除」「住民税の減免」（災害減免法ではなく、条例）「住民税の申告をしない」の3つ選択があります。3×3＝9、で9者択一となります。

　さらに、大震災の発生時期によっては、所得税の申告と住民税の申告の「どちらを先にするか」の選択も発生します。さらにさらに、当該年度だけでなく、翌年をどうするか、も考えなければなりません。もう、何がなんだか、ごちゃごちゃで、わかりません～。

　「緻密に、しかも、便利に」ということで、制度がつくられたのですが、積もり積もって、ごちゃごちゃの山が出来ました、という感じです。

被災証明書と罹災証明書

　「ごちゃごちゃ」で思い出したのが、被災証明書と罹災証明書の混同です。1995年（平成7年）1月17日の阪神淡路大震災では、被災証明書と罹災証明書がゴチャゴチャになり大混乱を発生させました。その結果、

改善に向かって動き出し、罹災証明書の地震の場合は「全壊」「大規模半壊」「半壊」「一部損壊」の４ランクに統一したのは良かったのですが、その基準や計算方法は信用できないものでした。そして、そんなあやふやな状態で、2011 年（平成 23 年）３月 11 日の東日本大震災となりました。増山祐一（大阪経済大学准教授）の論文『災害時の所得税及び住民税の救済税制—東日本大震災において国税庁が示した合理的計算方法—』を読むと、とても合理的とは思えません。天災に人災が加わってしまうのです。

　「大地震発生」→「被害発生」→「罹災証明書」→「各種の支援を得るための申請」という順番になるのですが、肝心な「罹災証明書」のところが、あやふやでは、いろいろな不都合が生じるではないか……。

　蛇足ですが、会話では「ヒサイ」と「リサイ」の発音が似て聞こえるようで、気をつけて発音しましょう。

東日本大震災の避難者数、未だに２万９千人

　2011 年（平成 23 年）３月 11 日の東日本大震災の避難者数は、2024 年（令和 6 年）２月１日時点で、２万９千人もいます。関係者は一所懸命にやっているのですが、なぜか、復興が遅れます。原因は、行政の複雑性にあると思います。緻密さ、正確を求めるため行政システムが複雑に成り過ぎてしまった。そして、さらに「複雑化」は進行しています。複雑すぎて訳が分からないレベルに達しているようです。

　多くの政治家が視察に行っては、「災害対策の強化」を訴えています。でも、何か物足りない。行政複雑性への認識が欠けている感じがします。

　犬の遠吠えですが、一言。

　「大災害時の所得税・住民税不用制度をつくる。この町は壊滅状態だ。この町は、今年の確定申告は不要、どのみち、難解・面倒な書類をそろえて申告すれば無税になるのだから。難解・面倒な手続きは省略しよう。一応、名前・住所欄だけは書いて、提出だけはする。無駄な労力が随分と減少する」

Q1-5

白アリ駆除は雑損控除の対象ですか？

Answer

対象です。

雑損控除の対象

15種類の所得控除の一つが「雑損控除」です。

「雑損控除」とは、災害または盗難もしくは横領によって、資産に損害を受けた場合は、一定金額の所得控除を受けることです。

「災害」「盗難」「横領」とあるだけで、「白アリ駆除はどうなのかな」と疑問を持つ人が多くいます。

「災害」については、所得税法施行令第9条第1項（災害の範囲）によって、次の内容になっています。

- ・自然現象の異変による災害…冷害・雪害・干害・落雷・噴火その他の自然現象の異変による災害
- ・人為による異常な災害…鉱害・火薬類の爆発その他の人為による異常な災害
- ・生物による異常な災害…害虫・害獣その他の生物による異常な災害

ということで、「白アリ被害」は、雑損控除の対象災害です。ただし、**被害「予防」は対象外**です。したがって、「駆除」と「予防」を区別して、請求書・領収書をもらう必要があります。

「盗難」「横領」については、説明の必要はありません。

第1章　所得税　　23

おもしろいことに、「詐欺」「恐喝」のよる損害は雑損控除の対象ではありません。理由は、述べませんが、「オレオレ詐欺」「SNS 詐欺」で損害を受けても、雑損控除の対象ではありません。

雑損控除の控除額計算
[一般公式]
雑損控除額の公式は 2 つあります。金額の高い方が控除額になります。

① （損失額＋災害関連支出額－損害に対して受け取った保険金） －
　　総所得金額の 10%
② （災害関連支出額－損害に対して受け取った保険金） － 5 万円

※損失額…同じ物を購入するのに必要な金額－減価償却費
　　　　ただし、損失額の計算はとても大変なので、大災害の場合は「簡易計算」が発表されます。
※災害関連支出額…住居・家財などの取壊し費用、除去費用、住居・家財の現状回復費用（修繕費）

モデルで計算してみます。損失額 200 万円、災害関連支出 70 万円、保険の補償額 30 万円、所得金額 450 万円の場合。
① 200 万円＋ 70 万円－ 30 万円－ （450 万円× 10%） ＝ 195 万円
② 70 万円－ 30 万円－ 5 万円＝ 35 万円
ということで、①と②の金額が高い方の 195 万円が雑損控除額になります。

[白アリ駆除の場合]
　白アリ駆除の場合、損失額の計算が困難なので、［一般公式の①］は使用せず、［一般公式の②］を使用します。前述したように、「予防」はダメですが、「駆除」「修繕」は OK です。駆除費が 20 万円、修繕費が

30万円、保険の補償額がゼロと仮定しますと、

　20万円 + 30万円 − 0円 − 5万円 = 45万円

　ということで、45万円が雑損控除額（所得控除額）となります。

　　雪害

　いろいろな災害があります。

　私のフェイスブックに、大雪で、「屋根が壊れた」「水道管が壊れた」という記事が記載されることがあります。その度に、雑損控除のコメントをして、大変喜ばれました。

　それから、保険会社からの補償額のことですが、はっきりした話ではないのですが、「税務署は、雪害や白アリ被害で保険会社の補償があったかを本当に調べるのか」と複数の関係者に聞いたことがあります。回答は、「分からない」でした。

Q 1-6

寄付は所得控除と税額控除のどちらが有利ですか？

Answer

ほとんどの場合、税額控除が有利です。

基礎知識

●個人が特定の団体へ寄付をすると、所得税が減少します。自治体によっては、個人住民税も減少します。

●特定の団体とは、国、地方自治体、独立行政法人、特別の地方独立行政法人、日本赤十字社、公益社団法人、公益財団法人、社会福祉法人、特定の政治献金、認定ＮＰＯ法人などです。

　ズラズラ並べても、「どこの団体がどうなのか」さっぱり分かりません。私立大学は、どうなっているのか、と思う人もいます。私立大学は、「公益社団法人等」に含まれています。

●実際問題として、団体の印刷物には、「〇〇へご寄付をお願いします」「2,000円を超えるご寄付は、確定申告により税制上の優遇措置（寄付金控除）を受けることが可能です」といった文面が印刷されています。そうした文面がない寄付は、減税とは無関係です。

●「ふるさと納税」は、地方自治体への寄付ですが、事実上、別制度となっていますので、別個に考えてください。

不親切な寄付依頼者

　寄付依頼団体の印刷物やＨＰには、「確定申告により税制上の優遇措置（寄付金控除）を受けることが可能です」とあり、その次に、「『税額控除』と『所得控除』のうち、寄付者さまが有利な方を選択できます」と

26

書かれています。

　10年前は、大半の寄付依頼団体は、これだけしか書いてありませんでした。税金の素人にとっては、「有利な方を選択できます」と言われたところで、理解できません。それで、10年前、あちこちで「不親切だ！　本当に寄付を獲得したいなら、分かる解説文を印刷物やＨＰに掲載すべきだ！」と話していたことを思い出します。そんな思いは、私一人ではなかった、と思います。そしてドンドン改善されました。

個人住民税の減税は、ナンカ変じゃないかな

　しかし、まだまだ改善すべき点があります。個人住民税の記述が、不充分なところが多くあります。通常、地方自治体内に学校施設があれば、その自治体は条例で、その学校を指定して減税しますが、そうでなければ減税しません。例として、中央大学と明治大学のＨＰ（令和6年7月時点）に掲載されている、対象自治体は下記のとおりです。

図表 1-6-1　寄付で個人住民税が減税される自治体（中大と明大の場合）

	都道府県	市（区）町村
中央大学	東京都、神奈川県	八王子市、小金井市、横浜市、杉並区
明治大学	東京都、神奈川県	調布市、川崎区、杉並区、中野区

　中大、明大の卒業生は、上の図を見て、「千代田区、文京区はどうなっているのか？　キャンパスがあるのに……」と疑問を持ちます。

　さらには、埼玉県や千葉県に住む卒業生は、「寄付をしても不公平じゃないか」と若干の不満を持ちます。

明治大学ＨＰはイイ！

　10年前、6大学の中で、分かりやすい解説をＨＰにのせていたのは明治大学だけでした。断っておきますが、私は明治のＯＢではありません。今は、どこの大学も、随分、分かりやすくなりました。しかし、や

第1章　所得税　　27

はり、明治のＨＰはイイですね。最初の台詞がスゴイですよ。

個人の方の当大学への寄付金は、所得税・住民税の寄付金控除を受けることができ、
最大約 50%相当額の税負担軽減になります。

＜例＞Mさん（東京都杉並区在住）が 20 万円ご寄付され、税額控除を選択し住民税控除を受けた場合

1, 所得税控除額…税額控除を利用
(寄付額 200,000 円−2,000 円) ×40%= 79,200 円還付
　※筆者注：所得控除の場合の計算は面倒なので省略。Mさんの課税所得によって還付金額は異なります。図表 1-6-2 を参照してください。
2, 住民税控除額…東京都杉並区の場合
(寄付額 200,000 円−2,000 円) ×10%= 19,800 円還付
　※筆者注：杉並区が 6%、東京都が 4%、合わせて 10%です。
　79,200 円+ 19,800 円=**減税効果合計 99,000 円**

---

　20 万円を大学に寄付して、99,000 円の減税効果、要するに、約 10 万円の節税効果、「最大約 50%相当額の税負担軽減」というわけです。こうして、多くの卒業生が「20 万円寄付しても、半分は減税で戻ってくるんだ」と驚き、「寄付をしようかな」という気分に傾くのであります。

税額控除と所得控除、どっちだ？

　明治大学の今のＨＰの図表をもとに作成したのが、図表 1-6-2 です。図表の左下のゴシックだけが、所得控除の方が有利です。税額控除と所得控除の選択でお悩みなら、この図表をみてください。

図表 1-6-2　税額控除と所得控除の減税額の比較 （目安）

			課税される所得金額							
			400万円	500万円	600万円	700万円	800万円	900万円	1,000万円	1,500万円
寄付金額	1万円	税額控除	3,200	3,200	3,200	3,200	3,200	3,200	3,200	3,200
		所得控除	1,600	1,600	1,600	1,840	1,840	1,840	2,640	2,640
	3万円	税額控除	11,200	11,200	11,200	11,200	11,200	11,200	11,200	11,200
		所得控除	5,600	5,600	5,600	6,440	6,440	6,440	9,240	9,240
	5万円	税額控除	19,200	19,200	19,200	19,200	19,200	19,200	19,200	19,200
		所得控除	9,600	9,600	9,600	11,040	11,040	11,040	15,840	15,840
	10万円	税額控除	39,200	39,200	39,200	39,200	39,200	39,200	39,200	39,200
		所得控除	19,600	19,600	19,600	21,100	22,540	22,540	32,340	32,340
	20万円	税額控除	79,200	79,200	79,200	79,200	79,200	79,200	79,200	79,200
		所得控除	39,600	39,600	39,600	41,100	45,540	45,540	65,340	65,340
	50万円	税額控除	93,125	143,125	193,125	199,200	199,200	199,200	199,200	199,200
		所得控除	**99,800**	99,600	99,600	101,100	114,540	114,540	154,340	164,340
	100万円	税額控除	93,125	143,125	193,125	243,500	301,000	358,500	399,200	399,200
		所得控除	**169,800**	**199,600**	**199,600**	201,100	229,540	229,540	329,340	329,340

出所：明治大学ＨＰから作成
※復興特別所得税の影響は含んでいません。

Q1-7

損益通算で所得税が「ものすごく減る」と聞いたのですが、なんのことですか？

Answer

「ものすごく減る」ではなく、「少しだけ減る」ケースはあります。

所得税第1段階の話です

所得税は4段階構造（5段階構造）になっています。Q1-1をご覧下さい。

この第1段階の話です。すなわち、「収入－必要経費＝所得（10種類）」の話です。

所得には10種類あります。二つ以上の所得がある人がいます。たとえば、「給与所得」と「不動産所得」（家賃・地代など）の二つの所得がある人の所得は、二つを足し算した額が「合計所得」になり、第2段階へ移行します。給与所得が400万円、不動産所得が200万円であれば、合計所得は600万円です。しかし、不動産所得が赤字で、マイナス50万円ですと、合計所得は350万円となります。これを「損益通算」と呼びます。所得が減少すれば、税金も減少します。

損益通算できるのが限られています

たとえば、競馬の儲けは「一時所得」です。「一時所得」で赤字になっても、損益通算はできません。「マイナス所得」を損益通算できるのは、次の4つの所得だけです。

①不動産所得（不動産賃貸業）…土地等の取得に係る借入金利子部分を除く。

30

図表 1-7-1　所得 10 種類

	所得の種類	概要	所得の計算方法
1	利子所得	預貯金・公社債の利子	必要経費なし
2	配当所得	株式・出資金の配当・分配金	収入−取得のための借入金の利子
3	不動産所得	地代・家賃	収入−必要経費
4	事業所得	個人事業主の事業	収入−必要経費
5	給与所得	給与・ボーナス	収入−給与所得控除
6	譲渡所得	土地・建物	収入−（取得費+譲渡費用）−特別控除
		株式	収入−（取得費+委託手数料等）
		その他（ゴルフ会員権）	収入−（取得費+譲渡費用）−特別控除
7	退職所得	退職金	（収入−退職所得控除）×1／2
8	山林所得	山林（伐採木、立木）の売却	収入−必要経費−特別控除
9	一時所得	生命保険一時金、懸賞、競馬	収入−収入を得るための支出−特別控除
10	雑所得	公的年金	収入−公的年金等控除
		公的年金以外	収入−必要経費

②事業所得

③譲渡所得…原則はダメですが、例外的に損益通算が可能な部分が
　あります

④山林所得

　しばしば見られる事例

（事例1）給与所得 700 万円の A 氏は、土日を利用して個人事業（輸入
　物品の販売）を始めました。しかし、赤字 100 万円の酷い結果とな
　りました。合計所得は、損益通算で所得が 600 万円となりました。
　所得税が約 7 万円、住民税が約 10 万円減少しました。損益通算で、
　所得税は減少したことは間違いありません。A 氏の感想は「片手
　間に商売をするものじゃない」でした。

（事例2）「赤字になる賃貸物件」を「赤字分は損益通算でチャラ」と
　宣伝して販売する手法があります。単に、赤字物件を高く買わせ
　る手法のケースが多いようです。

（事例3）C 氏は、年金だけでは不足なので、現役時代の経験・人脈

を生かした事業を始めました。約10年間は、黒字でしたが、3年前から、赤字の年も発生しました。損益通算による所得税減少で、なんとかしのいでいます。C氏の感想は、「損益通算で大儲け、なんて話はないと思う。そんなのは、損益通算を装った『脱税』じゃないかな」でした。

コラム　103万円の壁、どうなるのか？

　2024年（令和6年）10月27日投票日の総選挙直後から、国民民主党の「所得税103万円の壁を178万円に」引き上げる主張が大関心事に浮上しました。玉木代表は連日テレビに出ても具体的内容を語りません。

　基礎控除だけのことか、給与所得控除を含めてのことなのか。所得税150万円、201万円の壁はどうなるのか。扶養控除、配偶者控除・配偶者特別控除はどうなるのか。

　社会保険106万円の壁、130万円の壁はどうなるのか。岸田内閣が始めた「年収の壁・支援強化パッケージ」はどうなるのか。年金の第3号被保険者はどうなるのか。

　さらに、住民税の100万円の壁（住民税非課税限度額、1級地）は、どうなるのか。

　現時点（11月14日）では、何も聞こえてこない。不思議な風景です。

第2章

住民税

Q2-1

そもそも「住民税非課税制度」とは、何ですか？

Answer

所得税にはありません。住民税は、ある一線を下回ると、非課税になります。

「たまたま非課税」と「住民税非課税制度」とは異なる

所得税でも所得税ゼロの人は大勢います。

たとえば、そもそも収入・所得が非常に低い人は、所得税ゼロです。あるいは、収入・所得がそれなりにある人でも、扶養家族が多くて所得控除額が大きい人は課税所得がゼロになり、所得税がゼロになります。また、住宅ローン控除によって、所得税がゼロになる人もいます。これらの人は「たまたま所得税がゼロ（非課税）」になったに過ぎません。

住民税には、「住民税非課税制度」が存在します。ある一線を下回ると、住民税が非課税となります。

前提知識

国税では、個人に課税される所得税と法人に課税される法人税があります。

地方税である住民税は、個人住民税と法人住民税があります。本書では、法人住民税は省略します。

個人住民税の税率

「個人住民税は、均等割と所得割から成っています」。所得税には均等割はありません。それから、個人住民税には、「利子割」「配当割」「株式等譲渡所得割」というのがありますが、これは別個のものと考えてく

34

ださい。通常、「個人住民税は、均等割と所得割から成っています」ということで、OK です。

◎均等割…非課税限度額を上回る者に、定額の負担を求める。

図表 2-1-1　均等割 (令和 5 年度)

	標準税率 (年額)
市町村民税	3,500 円
都道府県民税	1,500 円
合計	5,000 円

◎所得割…前年の課税所得に応じた税額の負担を求める。

図表 2-1-2　所得割

	標準税率
市町村民税	6%
都道府県民税	4%
合計	10%

※指定都市は、市民税 8%、道府県民税 2% です。

◎利子割・配当割・株式等譲渡所得割…「均等割」「所得割」とは全く別物と思ってください。「住民税の通常の話」には出てきません。税率は 5% です。

均等割・所得割の「標準税率」とは

標準税率とは、言葉どおり「標準」で、標準よりも上 (超過課税) でもいいし、標準よりも下でもいいのです。令和 5 年度時点で、37 府県・2 市において、超過課税を実施しています。2 市とは、横浜市と神戸市。

均等割と森林環境税のゴチャ混ぜ

東日本大震災によって、緊急に各自治体が防災強化をするための財

第 2 章　住民税　　35

源確保として、平成26年度から令和5年度分の均等割が引き上げられました。市町村は「3,000円→3,500円」、都道府県は「1,000円→1,500円」になりました。したがって、令和6年分からは、元通りになると思ったら、甘かった。国は、「一旦、上げたものは、下げない」ということらしい。令和6年分から、防災強化のための住民税は無くなるが、新たに、同額の国税・森林環境税が均等割に上乗せされます。

　要するに、「地方税・住民税均等割（本来分）＋地方税・住民税均等割（防災強化分）＝5,000円」が「地方税・住民税均等割（本来分）＋国税・森林環境税＝5,000円」ということになります。

　森林環境税は国税ですから、簡単に言えば、大都市から徴収した金の大半は地方に振り分けられます。そもそも、地方税に国税を上乗せするのが奇妙なことなのです。地方税と国税をゴチャ混ぜにしています。

　2012年（平成24年）から「社会保障と税の一体改革」が始まりました。税金で行う施策なのに、医療保険・年金保険の保険料の「事実上の横流し」による財源確保が平気でなされる有様です。もう、「ゴチャ混ぜ、大流行」という感じ。「ゴチャ混ぜ」＝「複雑化」です。「なんか、よく分からないなぁ〜」で推移している感じです。

住民税非課税制度

　住民税は、ある一線を下回ると、住民税が非課税になります。そして、住民税非課税者だけの世帯を「住民税非課税世帯」となります。住民税非課税世帯は、ビックリするほど様々な優遇措置があります。

　細かいことですが、

　世帯の中に住民税非課税者と住民税課税者がいる場合は、「住民税非課税世帯」ではなく、「住民税課税世帯」です。

　図表2-1-3の（D）は「住民税非課税」ではなく、「住民税所得割非課税」です。通常は「住民税均等割のみ課税者」といいます。当然、「住民税非課税世帯」ではありません。

図表 2-1-3　住民税非課税の範囲

	非課税区分	均等割	所得割
(A)	生活保護の生活扶助を受けている人	非課税	非課税
(B)	障害者、未成年者、寡婦、ひとり親で、前年の合計所得が135万円以下の人。 ※所得135万円以下とは、給与収入だけの場合 2,043,999円以下。	非課税	非課税
(C)	前年の合計所得が次の金額以下の人 ㋐扶養家族がいない人　　45万円 ㋑扶養家族がいる人 35万円×世帯人員数+10万円+21万円（扶養家族を有する場合の加算金） ※この数字は、生活保護1級地の場合です。 2級地は、「45万円→41.5万円」「35万円→31.5万円」「21万円→18.9万円」となります。 3級地は、「45万円→38万円」「35万円→28万円」「21万円→16.8万円」となります。	非課税	非課税
(D)	(C) の金額を超え、前年の総所得金額等が次の金額以下の人 ㋐扶養家族がいない人　　45万円 ㋑扶養家族がいる人 35万円×世帯人員数+10万円+32万円（扶養家族を有する場合の加算金）	課税	非課税

　超重要なことは、「住民税非課税世帯」は、住民税がゼロになるだけでなく、様々な優遇措置があるということです。この一線の上と下では、天国と地獄の差になります。よく、「所得税の103万円の壁」が話題になりますが、それよりも、はるかに重要なテーマです。

第2章　住民税　　37

Q 2-2

住民税非課税の範囲で、「障害者、未成年者、寡婦、ひとり親で、所得135万円以下は、非課税」ですが、所得135万円以下を給与収入に直す計算方法は？

A nswer

公式は「給与収入－給与所得控除＝給与所得」です。簡単に計算できそうですが、かなり難しいです。解説を読んでください。

解説1・給与所得控除額の速算式

所得税法第28条第3項に、給与所得控除額を導き出す計算方法が、文章で書いてあります。読んでも極めて理解しにくいので、書き換えて図表2-2-1にします。

図表2-2-1　給与所得控除額の速算式（令和2年分以降）

給与等の収入金額 （給与所得の源泉徴収票の支払金額）	給与所得控除額
1,625,000円まで	550,000円
1,625,001円から　1,800,000円まで	収入金額×40%－100,000円
1,800,001円から　3,600,000円まで	収入金額×30%＋80,000円
3,600,001円から　6,600,000円まで	収入金額×20%＋440,000円
6,600,001円から　8,500,000円まで	収入金額×10%＋1,100,000円
8,500,001円以上	1,950,000円（上限）

出所：所得税法より

解説2・速算式は使用せず、「別表第五」を使用

ところが、第28条第4項では、「収入が650万円未満の場合は、前二項の規定にかかわらず、別表第五で求める」となっています。何のこっちゃ、何だろう、理由はさておいて、「別表第五」の関係部分を抜き取ってみます。

見れば分かるように、給与控除金額を求めず、「直接、収入から所得」

が分かるようになっています。それから、「4,000円きざみ」になっていて、収入が2,032,000円でも2,035,999円でも、所得は同じ1,342,400円です。

　想像するに、昔は電卓もパソコンもなく、ソロバンだけだった。従業員が大勢だと会計担当者は、ソロバンが得意でも、大変な作業だったのだろう。それで、「別表第五」になったのだろう。

図表2-2-2　「所得税別表第五」の一部分（単位：円）

給与等の収入金額		給与所得控除後の 給与等の金額
以上	未満	
2,032,000	2,036,000	1,342,400
2,036,000	2,040,000	1,345,200
2,040,000	2,044,000	1,348,000
2,044,000	2,048,000	1,350,800
2,048,000	2,052,000	1,353,600

出所：所得税法より

解説3・所得135万円とは

　図表の右覧を見ても、135万はないので、1,348,000円を活用します。所得1,348,000円とは、収入2,040,000円以上2,044,000未満となります。よって、135万円以下とは、2,043,999円以下となります。

　念のため、検算してみます。

　給与収入－給与所得控除＝給与所得

　2,043,999円－（2,043,999円×30％＋80,000円）＝1,350,000円

　ということで、間違いなし。

第2章　住民税　　39

Q2-3

「給与のみ世帯」の非課税限度額の収入額を知りたい。

Answer

一覧表をみて下さい

「給与のみ世帯」の住民税非課税限度額

住民税非課税限度額の所得額は、「図表2-1-3 住民税非課税の範囲」で計算すれば、すぐ分かります。

その所得額を収入額に換算するには、「所得税法別表第五」を見ます。「所得税法別表第五」は、細かい数字だけで約10ページもありますので、掲載をやめます。結果だけを、一覧表にしました。

蛇足ですが、世帯の中での稼ぎ手は1人だけで、他は扶養家族です。

図表 2-3-1 「給与のみ世帯」の住民税非課税限度額 (1級地の場合)

世帯の種類		所得	収入
1人世帯	(C)	45万円	100万円
2人世帯	(C)	101万円	156万円
3人世帯	(C)	136万円	205万9,999円
4人世帯	(C)	171万円	255万9,999円
死別の寡婦1人世帯	(B)	135万円	204万3,999円
ひとり親・子どもの2人世帯	(B)	135万円	204万3,999円

出所：著者作成

Q²⁻⁴

「年金のみ世帯」の非課税限度額の収入額を知りたい。

Answer

一覧表をみて下さい

解説 1・公的年金等控除額

所得税構造の第 1 段階は、「収入 − 必要経費 ＝ 所得（10 種類）」です。
10 種類の所得の中の「雑所得」の中の一つが「公的年金」です。「公的年金」が、その他の雑収入だなんて、今の感覚では考えられないのですが、昔は、そうだったのでしょうね。

年金収入の必要経費に相当するものが「公的年金等控除」です。バッチリと金額が決まっています。この計算式（図表 2-4-1）は、「収入」から「公的年金等控除」を引き算して「所得」を求めるものです。

なお、この図表は 2020 年分（令和 2 年分）からのもので、それ以前は、この 3 分の 1 程度の簡単な図表でした。行政の複雑化は、理由があってのことですが、いたるところで進行しています。

解説 2・練習計算

所得 135 万円がすべて年金の場合、収入に換算すると何円か。条件は、70 歳、年金以外の所得は 200 万円とします。

まず、「2　年齢 65 歳以上」の図表を見ます。年金以外の所得が 200 万円なので、「公的年金等の係る雑所得以外の所得に係る合計所得金額」が「1,000 万円以下」の欄を見ます。収入は、330 万円以下であろうから、「A − 110 万円」の計算式です。

A − 110 万円 ＝ 135 万円

第 2 章　住民税　　41

図表 2-4-1　公的年金等控除

1　年齢 65 歳未満

公的年金等収入金額（A）	雑所得金額にする計算式		
	公的年金等に係る雑所得以外の所得に係る合計所得金額		
	1,000万円以下	1,000万円超2,000万円以下	2,000万円超
1,300,000 円以下	A － 600,000円	A － 500,000円	A － 400,000円
1,300,001 円～ 4,100,000 円	A × 75%－ 275,000円	A × 75%－ 175,000円	A × 75%－ 75,000円
4,100,001 円～ 7,700,000 円	A × 85%－ 685,000円	A × 85%－ 585,000円	A × 85%－ 485,000円
7,700,001 円～ 10,000,000 円	A×95%－ 1,455,000円	A×95%－ 1,355,000円	A×95%－ 1,255,000円
10,000,001 円以上	A － 1,955,000円	A － 1,855,000円	A － 1,755,000円

2　年齢 65 歳以上

公的年金等収入金額（A）	雑所得金額にする計算式		
	公的年金等に係る雑所得以外の所得に係る合計所得金額		
	1,000万円以下	1,000万円超2,000万円以下	2,000万円超
3,300,000 円以下	A － 1,100,000円	A － 1,000,000円	A － 900,000円
3,300,001 円～ 4,100,000 円	A × 75%－ 275,000円	A × 75%－ 175,000円	A × 75%－ 75,000円
4,100,001 円～ 7,700,000 円	A × 85%－ 685,000円	A × 85%－ 585,000円	A × 85%－ 485,000円
7,700,001 円～ 10,000,000 円	A×95%－ 1,455,000円	A×95%－ 1,355,000円	A×95%－ 1,255,000円
10,000,001 円以上	A － 1,955,000円	A － 1,855,000円	A － 1,755,000円

出所：杉並区『令和 5 年度 わたしたちの区税』

$$A = 245 万円$$

ということで、所得 135 万円がすべて年金収入ですと、245 万円となります。

計算方法と同時に、注目して欲しい点があります。「公的年金等控除」は「給与所得控除」よりも、大きいことです。同じ所得なら、収入に換算すると年金収入の方が大きくなります。

年金の場合、所得 135 万円とは、年金収入 245 万円です。

給与の場合、所得 135 万円とは、給与収入 204 万 3,999 円です。

ということは、同じ収入金額なら、年金の方が、所得が少なくなり、所得税も住民税も小さくなります。

図表 2-4-2　給与と年金の所得差

収入額	給与の場合の所得	年金の場合の所得 (65歳以上)
60万円	5万円	0円
103万円	48万円	0円
110万円	55万円	0円
150万円	95万円	40万円
158万円	103万円	48万円
200万円	132万円	90万円
205万円	135万3,600円	95万円
245万円	163万3,600円	135万円

出所：著書作成

解説3・「年金のみ世帯」の住民税非課税限度額

　住民税非課税限度額の所得額は、「住民税非課税の範囲」(図表2-1-3)で計算すれば、すぐ分かります。

　その所得額から、「公的年金等控除」(図表2-4-1)で計算した収入額を、一覧表にしました。

図表 2-4-3　「年金のみ世帯」の住民税非課税限度額 (1級地の場合)

		所得	収入
1人世帯	(C)	45万円	155万円
2人世帯	(C)	101万円	211万円
3人世帯	(C)	136万円	246万円
4人世帯	(C)	171万円	281万円
死別の寡婦1人世帯	(B)	135万円	245万円
ひとり親・子どもの2人世帯	(B)	135万円	245万円

出所：著者作成

Q2-5

「年金＋給与」の単身世帯の場合、どこまで稼げますか？

Answer

一覧表をみてください。

とりあえず一覧表を見てください

図表 2-5-1　高齢単身者「年金＋給与」のケース（1 級地の場合）

		非課税限度額 （所得ベース）	どこまでの給与収入 なら、よいか
モデル 1	72 歳、年金収入 200 万円	45 万円	非課税対象者でない
モデル 2	72 歳、年金収入 155 万円	45 万円	給与収入、65 万円まで
モデル 3	72 歳、年金収入 100 万円	45 万円	給与収入、110 万円まで
モデル 4	72 歳、年金収入 80 万円	45 万円	給与収入、110 万円まで

出所：著者作成

　住民税非課税限度額の所得額は、「住民税非課税限度額の範囲」（図表 2-1-3) を見れば、すぐ分かります。単身高齢者（扶養家族ゼロ）ですから、所得 45 万円です。

　自分の年金収入もしっかり分かります。分からないのは、「どこまでの給与収入なら、非課税限度額内に留まれるか」です。

モデル 1 の計算

　72 歳、年金収入 200 万円の単身高齢者の場合。非課税限度額は所得 45 万円です。

　所得を基準にして計算してもいいし、収入を基準にして計算してもかまいません。ここでは、所得を基準に計算してみます。

年金収入 200 万円とは、公的年金等控除額を引き算して、すなわち、[200 万円 − 110 万円 = 90 万円] の計算で、所得 90 万円となります。

非課税限度額（所得ベース）45 万円をオーバーしているので、モデル 1 はそもそも住民税非課税者ではありません。したがって、非課税限度額を考えることなく、どんどん稼げばいいです。

モデル 2 の計算

72 歳、年金収入 155 万円の単身高齢者の場合、非課税限度額は所得 45 万円です。

年金収入 155 万円とは、公的年金等控除額を引き算して、すなわち、[155 万円 − 110 万円 = 45 万円] の計算で、所得 45 万円となります。

非課税限度額が 45 万円なので、年金所得だけで 45 万円ですから、これ以上、所得を増やさない方がいい。それでは、稼いでいけないのか？

所得が増えなければいいのです。給与所得控除を思い出してください。給与所得控除は最低で 55 万円ありますので、年間給与収入 55 万円までなら、所得ゼロです。

それから、面倒な話ですが。所得金額調整控除 10 万円があります。[55 万円 + 10 万円 = 65 万円] の計算で、年間給与収入 65 万円までなら、稼いでも、非課税限度額の範囲内となります。

※所得金額調整控除 10 万円…2020 年分（令和 2 年分）から始まりました。給与所得控除額と公的年金等控除額が引き下げられました（増税効果）。その見返りに、基礎控除額が引き上げられました（減税効果）。2 つ上げて、1 つ下げました。その結果、給与と年金の 2 つある人は、増税になってしまう。それを緩和するために、所得金額調整控除が設けられました。ほとんどの場合、控除額は 10 万円です。

給与所得額（10 万円超の場合は 10 万円）＋公的年金所得額（10 万円超

の場合は 10 万円） − 10 万円＝控除額

モデル 3 の計算

72 歳、年金収入 100 万円の単身高齢者の場合、非課税限度額は所得 45 万円です。

年金収入 100 万円とは、公的年金等控除額を引き算して、すなわち、［100 万円 − 110 万円＝▲ 10 万円］の計算で、所得がマイナスとは、所得ゼロです。所得 45 万円は、まるまる残っています。所得 45 万円とは，給与所得控除 55 万円を加え、収入 100 万円となります。それに、所得金額調整控除 10 万円をプラスします。つまり、給与収入 110 万円までなら、非課税限度額の範囲内です。

モデル 4 の計算

72 歳、年金収入 80 万円の単身高齢者の場合、非課税限度額は所得 45 万円です。計算方法は、モデル 3 と同じなので省略します。結論もモデル 3 と同じです。

Q2-6

「年金＋給与」老夫婦2人世帯の場合、どこまで稼げますか？

Answer

一覧表を見てください。

とりあえず一覧表を見てください

図表2-6-1　老夫婦2人世帯「年金＋給与」のケース（1級地の場合）

	夫の状況	妻の状況	非課税限度額（所得ベース）	夫はどこまでの給与収入なら、よいか
モデルA	72歳、年金200万円	72歳、年金70万円	101万円	76万円まで
モデルB	72歳、年金155万円	72歳、年金70万円	101万円	121万円まで
モデルC	72歳、年金160万円	72歳、年金150万円	101万円	116万円まで
モデルD	72歳、年金170万円	72歳、年金160万円	45万円	非課税対象者でない

　非課税限度額の「所得」を「収入」に換算することは、「給与のみ世帯」の場合は、「収入－給与所得控除＝所得」が分かっていれば、簡単にできます。「年金のみ世帯」の場合も、「収入－公的年金等控除＝所得」が分かっていれば、簡単にできます。

　「年金＋給与」でも単身高齢者の場合、まだ分かりやすいです。しかし、老夫婦2人世帯の「年金＋給与」は、色々な組み合わせがあるので、複雑になります。

モデルAの計算

　夫の年金収入200万円、妻の年金70万円、妻は働けない、夫はどこまでの給与収入なら、住民税非課税世帯であり続けられるか？

第2章　住民税　　47

①妻は夫の扶養家族（同一生計配偶者）かどうか。同一生計配偶者は、所得48万円以下が要件です。年金収入70万円を所得に換算すると、何円か。[70万円（年金収入）－ 110万円（公的年金等控除）＝▲ 40万円（所得）]の計算になります。所得がマイナスとは、所得ゼロです。よって、妻は所得48万円以下なので、扶養家族になります。

②夫の住民税非課税限度額（所得ベース）は、[35万円×2（世帯人員数）＋ 10万円＋ 21万円＝ 101万円]となります。

③夫の年金収入200万円を所得に換算すると、[200万円（年金収入）－ 110万円（公的年金等控除）＝ 90万円（年金所得）]となります。

④非課税限度額は101万円、所得90万円ですから、まだ所得11万円の余裕があります。

⑤給与所得11万円を収入に換算するには、給与所得控除55万円をプラスします。給与所得11万円とは、給与収入66万円ということです。

⑥さらに、所得金額調整控除10万円を加えます。よって、給与収入76万円まで稼いでも、非課税世帯を維持できます。

◎ゴチャゴチャした話なので、再整理します。

　1. 夫の住民税非課税限度額（所得）は、101万円になります。

　2. 夫の年金収入200万円は、所得に換算すると90万円です。

　3. 稼いでよい給与収入をX円とします。

　101万円（所得ベースの非課税限度額）＝ 90万円（年金所得）＋（X－ 55万円）－ 10万円（所得金額調整控除）

　　X＝ 76万円

モデルBの計算

これは、モデルAと同じです。

モデルCの計算

これも、モデルAと同じです。

モデルDの計算

夫の年金収入 170 万円、妻の年金収入 160 万円の場合は、どうなるか？

① 妻の年金収入 160 万円を所得に換算するため、[160 万円 − 110 万円（公的年金等控除）＝ 50 万円] と計算して、所得 50 万円となります。扶養家族の要件は、所得 48 万円以下が要件です。したがって、この妻は、扶養家族になれません。

② 夫の住民税非課税限度額（所得）は、[35 万円 × 1 ＋ 10 万円 ＝ 45 万円] となります。

③ 夫の年金収入 170 万円を所得に換算すると、[170 万円（収入）− 110 万円（公的年金等控除）＝ 60 万円（所得）] となります。

④ 60 万円（所得）は、非課税限度額 45 万円をオーバーしているので、そもそも住民税非課税の対象者でありません。したがって、住民税非課税世帯なんか考えることなく、どんどん稼げばよいのです。

必要は発明の母

高齢世帯の 3 分の 1 は、住民税非課税世帯です。そして、「年金＋給与」の時代になりました。でも、住民税非課税限度額とからめて「どこまで給与を稼いで良いのか」を相談する場所がありません。**難しい計算を要するので、自分で計算しても間違えてしまいます。**

私自身も、間違えて計算したことが、数回あります。所得金額調整控除をすっかり忘れて計算したことがありました。

まあ、徐々に、「年金＋給与」の計算も広まるでしょう。「必要は発明の母」「窮すれば通ず」を思い浮かべます。

第 2 章　住民税　49

Q2-7

非課税の人がふるさと納税をすると得なことがありますか？

Answer

しない方がいいです。

ふるさと納税のイメージモデル

①地方自治体（都道府県でも市町村でも）への「寄付」です。納税と称されていますが、あくまでも「寄付」です。

②たとえば、A市住民がB村へ3万円を寄付すると、2万8000円が節税されます。A市住民は、実質的に「2,000円」だけの負担です。

　2万8000円の節税内訳は、大半は「翌年の住民税の減少」（A市の収入減）、少々だけ「所得税減税」です。

　スケジュールは、図表2-7-1のとおりですが、「確定申告」をどう書くかは、なかなか難しいので、2015年（平成27年）4月1日から「ふるさと納税ワンストップ特例制度」が始まりました。

　現金が還付されるわけでは、ありません。したがって、住民税がゼロの人は、ゼロはゼロのままです。住民税年間5千円を納税している人は、5千円だけの節税にはなります。

図表 2-7-1　ふるさと納税のスケジュール

1月〜12月	翌年2・3月	4・5月	6月〜翌々年5月
ふるさと納税	確定申告	所得税の還付	住民税が毎月減税

③ふるさと納税による節税は、寄付者の収入・所得、家族構成などによって限度があります。高所得者の限度額は高くなります。この限度額を計算するのは、素人には大変です。

④3万円を寄付されたB村は、3万円の寄付を頂いて、お礼の品をA市住民に贈ります。「返礼品競争」が過熱したので、「返礼品は寄付額の3割まで」と制限されました。3万円の寄付者の場合、9千円の「返礼品」が贈られるということで、金勘定だけなら、「2千円で9千円の品を購入」ということになります。「なんか、変だな〜」と思っても、「まあ、田舎のB村の役に立つ」から、「いいじゃない」となります。

⑤質問者のような非課税者が3万円寄付すれば、9千円の「返礼品」が贈られるだけで、節税効果なし。金勘定だけなら「3万円で9千の購入」となります。だから、**非課税の人は、ふるさと納税はしない方がいい**と思います。

　どうなるかポイント

　この話は、突然出てきた話です。④の続きのような話です。

　金勘定だけなら、「2千円で9千円の品を購入」と書きました。ところが、実は、さらに「おまけ」があります。

　「ふるさと納税」の寄付者と自治体の間を取り持つ「民間サイト」が急発達しました。某サイトでは、寄付額の20％のポイントが付与されます。3万円寄付すれば、6千円分のポイントが付きます。ということは、「2千円で9千円の品と6千円分のポイント」となります。そう思っていたら、寄付額の30％のポイント付与の大手サイトが登場しました。「2千円で9千円の品と9千円分のポイント」であります。

　こうなると、「どこか、何か変だ」となり、総務省は2024年（令和6

年）7月、「2025年10月に、ポイント禁止」の方針を発表しました。反対署名が100万、200万と集まっており、どうなるか未知数です。仮に、「2025年10月にポイント禁止」なら、「2025年9月までに、ふるさと納税」という「駆け込み」になるかも知れません。

※ふるさと納税民間サイトは、20以上あります。「ふるなび」「楽天ふるさと納税」「さとふる」「ふるさとチョイス」が、ベスト4でしょう。サイトを見たことがない人は、一度、見てください。楽しいですよ。「返礼品選び」だけでなく、ふるさと納税をする上で、とても便利なシステムになっています。

寄付額の限度額

ふるさと納税による節税は、③に書いたように、寄付者の収入・所得、家族構成などによって限度額があります。限度額を超えた金額には節税効果はありません。

限度額の計算式は、とても面倒なので省略して、限度額の「おおよその目安」（図表2-7-2）を掲載します。前提は、給与所得者で、住宅ローン控除や医療費控除はなし、社会保険料控除額は給与収入の15％で計算されています。

大手の「ふるさと納税の民間サイト」では、限度額を計算するシュミレーションがありますので、それを利用する人が多いようです。

［ワンストップ特例制度］

ふるさと納税の控除（減額）を受けるには、「確定申告」が原則です。でも、「確定申告」は面倒なので、2015年（平成27年）4月1日から「ふるさと納税ワンストップ特例制度」が始まりました。一定の条件を満たせば、簡単に、控除（減税）が受けられます。

寄附した自治体に「特例申請書」と「本人確認書類」を郵送または

図表 2-7-2　ふるさと納税の限度額のおおよその目安

寄付者本人の給与収入	独身者	共稼ぎと子1人 (大学生)	夫婦 (妻は専業主婦) と子1人 (高校生)	共稼ぎと子2人 (大学生と高校生)
300 万円	28,000 円	15,000 円	11,000 円	7,000 円
350 万円	34,000 円	22,000 円	18,000 円	13,000 円
400 万円	42,000 円	29,000 円	25,000 円	21,000 円
450 万円	52,000 円	37,000 円	33,000 円	28,000 円
500 万円	61,000 円	44,000 円	40,000 円	36,000 円
600 万円	77,000 円	66,000 円	60,000 円	57,000 円
700 万円	108,000 円	83,000 円	78,000 円	75,000 円
800 万円	129,000 円	116,000 円	110,000 円	107,000 円
900 万円	151,000 円	138,000 円	132,000 円	128,000 円
1000 万円	176,000 円	163,000 円	157,000 円	153,000 円
1200 万円	242,000 円	229,000 円	229,000 円	219,000 円
1500 万円	389,000 円	373,000 円	377,000 円	361,000 円
2000 万円	564,000 円	548,000 円	552,000 円	536,000 円
2500 万円	849,000 円	830,000 円	835,000 円	817,000 円

オンラインで申請するだけです。

Q2-8

ふるさと納税の返礼品で人気のあるものは何ですか？

Answer

食べ物が多いですが、電化製品も目立つようになってきました。

返礼品選びは楽しい

ふるさと納税の本来の趣旨は、田舎のB村で生まれ育った。でも、東京や大阪に出て働くようになった。B村でお世話になったのに、何もできない。税金は東京・大阪に納入してしまう。若干なりとも、B村に恩返しをしたい。そうした趣旨で生まれたのですが、今や、「2,000円で、その数倍の返礼品を確保できる」という本来の趣旨から逸脱した有様になっています。

世の中は変化する。

平安末期から鎌倉初期に生きた慈円（1155～1225）は、歴史書『愚管抄』を記しました。歴史は道理があって変化する。「道理」と言うと、何やら哲学めいて難しく考える人もいるが、簡単に言えば「理由があって変わったのだから、しかたがない。変化を認めるしか、ないじゃないか」ということです。

まあ、本来の趣旨が云々、道理が云々、よりは、実際「返礼品選び」は楽しい。寄付者と自治体の間を取り持つ「ふるさと納税民間サイト」を見ているだけでも楽しい。返礼品は「食べ物」が多いですが、最近は、電化製品、トイレットペーパー、イベント招待券も目立っています。

Q2-9

住民税の減免制度があると聞きました。どんな場合、減免になりますか？

Answer

困ったことに、多くの市区町村は、ちゃらんぽらん（いいかげん）な現状です。そんな中、大阪市の減免制度はすばらしい。

地方税法第323条

「市町村長は、天災その他特別の事情がある場合において市町村民税の減免を必要とすると認める者、貧困に因り生活のため公私の扶助を受ける者その他特別の事情がある者に限り、当該市町村の条例の定めるところにより、市町村民税を減免することができる。但し、特別徴収義務者については、この限りではない。」

読んでも、分かったような、分からないような条文ですが、単純化すると、「特別な事情がある者に対して、条例を定めて、市町村民税を減免できる」ということです。①市町村でバラバラを認めています。②「減免」とは、「減額」と「免除」です。

大阪市が最も分かりやすい

「条例で定める」ということは、市町村で内容がバラバラということです。さらに言えば、「住民税の減免」制度に関心が薄い市町村では、内容が貧弱であり、ちゃらんぽらん（いいかげん）な感じです。「対象者が極めて少数」という先入観が強いのかもしれません。

そうした中、私が調べた限りでは、大阪市がもっとも優れているようです。大阪の住民は、デパートでも「まからんか」と値切る人がいる、と聞いたことがありますが、細かい金勘定に敏感であるようです。それに比して、東京では抽象的大義名分を好むようです。

第2章　住民税　　55

大阪市のＨＰに「市民税の減免」制度が掲載されています。他の市町村に比べ、まことに充実しています。すべてを掲載できませんので、以下は、その輪郭です。

　予測できない失業や大幅な所得減少、生活困窮など特別な事情により、生活のため、全額負担が困難であると認められる場合には、申請により減額・免除されることがあります。

1, 生活保護法の規定による扶助を受けている場合

　　　　説明省略

2, 失業された場合

○減額・免除の対象

・解雇や倒産などにより失業され雇用保険基本手当の受給資格がある場合

・上記と同様の失業状態で求職活動をされている場合（雇用保険基本手当の受給資格期間が経過した場合を含む。）

ただし、次の場合は減額・免除の対象となりません。

・正当な理由のない自己都合退職の場合（病気・妊娠・出産等の退職は、正当な理由のある自己都合退職に該当する場合があります。）

・定年退職

・前年に給与所得を上回る事業所得等の継続性所得がある場合

・居住用または事業用以外の不動産を所有する場合

○所得等基準・減免割合……図表 2-2-1

3, 所得が前年の６割以下に減少すると見込まれる場合

　　　営業不振や廃業により所得減少が見込まれる事業所得者で一定の要件に該当する方、雇用主により給与が大幅に減額された方および病気・妊娠出産等による休職中の方等が対象となります。

　　　以下の説明文は、「2, 失業された場合」と似たようなことが書いてあります。ここでの記載は省略します。

4, 障がい者・未成年者・寡婦・ひとり親に該当する場合

図表 2-2-1　所得等基準・減免割合（失業された場合）

減免割合	区分	所得等の基準			
		同一生計配偶者および扶養親族の数			
		なし	1 人	2 人	3 人以上
全額免除	前年の合計所得金額（給与収入金額）	180 万円以下（268 万 7,999 円以下）	247 万円以下（363 万 9,999 円以下）	282 万円以下（407 万 5,999 円以下）	記載省略
	当年の所得見込金額	前年の合計所得金額と同額以下	前年の合計所得金額と同額以下	前年の合計所得金額と同額以下	
	預貯金等金融資産	250 万円以下	317 万円以下	352 万円以下	
7 割減額	前年の合計所得金額（給与収入金額）	220 万円以下（325 万 9,999 円以下）	287 万円以下（413 万 9,999 円以下）	322 万円以下（457 万 5,999 円以下）	記載省略
	当年の所得見込金額	前年の合計所得金額と同額以下	前年の合計所得金額と同額以下	前年の合計所得金額と同額以下	
	預貯金等金融資産	250 万円以下	317 万円以下	352 万円以下	
5 割減額	前年の合計所得金額（給与収入金額）	260 万円以下（380 万 3,999 円以下）	327 万円以下（463 万 9,999 円以下）	362 万円以下（507 万 5,999 円以下）	記載省略
	当年の所得見込金額	前年の合計所得金額と同額以下	前年の合計所得金額と同額以下	前年の合計所得金額と同額以下	
	預貯金等金融資産	250 万円以下	317 万円以下	352 万円以下	

出所：大阪市ＨＰ

図表 2-2-2　所得基準・減免割合（障がい者・未成年者・寡婦・ひとり親）

減免割合	所得基準　前年中の合計所得金額（給与収入金額）
7 割減額	140 万円以下（211 万 5,999 円以下）
5 割減額	145 万円以下（218 万 7,999 円以下）

出所・大阪市ＨＰ

　　1 月 1 日（賦課期日）現在において、障がい者・未成年者・寡婦・ひとり親に該当する場合は、減額・免除します。

　5. 災害（火災・風水害など）による被害を受けた場合

○減額・免除の対象

　　次のいずれかの事由と下記の要件等基準に該当する方

　㋐災害により死亡し、又は身体に著しい傷害を受けた場合

　㋑災害により住宅又は家財につき損害を受けた場合

　㋒災害により事務所、事業所又は家屋敷につき損害を受けた場合

○要件等基準・減免割合

　　㋐㋑㋒それぞれに、詳しい要件等基準・減免割合が掲載されて

いますが、ここでは省略します。

みすぼらしい市区町村

　私は、大阪市ＨＰの「市民税の減免」を見て感動しました。みすぼらしいＨＰを多く見ていましたので、本当に感動しました。

　八王子市ＨＰは、減免の対象者として、「生活保護者」「所得が皆無となったため生活が著しく困難となった者又はこれに準ずる者と認められる者」と書いてあるだけです。

　中野区ＨＰは、「災害にあったり、生活保護を受けるなど生活が著しく困難になったことにより、納税が困難な方について、申請により軽減免除を行う」と書いてあるだけです。

　杉並区ＨＰも、八王子市や中野区と似たものです。

　要するに、多くの市町村は、「①生活保護者」「②所得が皆無となって生活が著しく困難」「③災害で損害を受けた」という３点が、１～２行書いてあるだけです。つまりは、①は当たり前のこと、②は「生活の著しく困難」の基準がさっぱり分からず、分からないから申請しないという現状のようです。ということで、「住民税の減免」とは、「災害の時だけ出動」という意識になっているのではないでしょうか。

　とにかく、そんなＨＰばかり見ていたので、大阪市のＨＰを見た時は、本当に感動しました。多くの市区町村は、大阪市の「市民税の減免制度」を見習うべきと思います。

第3章

医療保険

Q3-1

「社会保険」って何ですか？

Answer

この問いに正しく答えられる人は、おそらく1～2％ではないでしょうか。「広義の社会保険」と「狭義の社会保険」があるからです。

①広義の社会保険

憲法第25条

1項は「すべて国民は、健康で文化的な最低限度の生活を営む権利を有する」です。

2項は「国は、すべての生活部面については、社会福祉、社会保障及び公衆衛生の向上及び増進に努めなければならない」です。

1項は現憲法で極めて有名・重要な文章です。1項の説明は省略して、2項を素直に読めば「社会福祉」「社会保障」「公衆衛生」の3つは並列的関係です。しかし、「社会保障」が上位概念で、図表3-1-1のようになっています。「社会保険」は憲法の条文には登場しませんが、図表3-1-1にはあります。

「社会保険」は、掛金（負担）があります。医療保険・介護保険・年金保険・雇用保険・労災保険の5つだけを言います。「社会福祉」は特定の人が対象になります。「公衆衛生」は不特定多数が対象です。「公的扶助」は無拠出（負担なし）です。

「社会保険」の意味は、この「社会保障の体系」の中の一つとして使用されます。したがって、「社会保険」＝「5つの保険」です。

図表 3-1-1　社会保障の体系

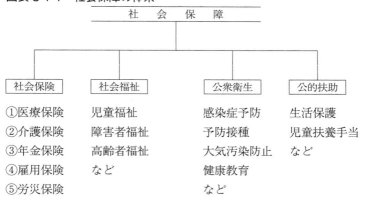

　②狭義の社会保険

　会社員・公務員は、「社会保険」（＝５つの保険）の５つとも関係しています。自営業・無職者は、医療・介護・年金の３つだけです。

　自営業・無職者のことは、さておいて、会社員・公務員の場合、

　　医療・介護・年金──社会保険

　　雇用・労災──────労働保険

と呼びます。

　ボヤキを一言

　「社会保険」の意味が分かっても、１円も得するわけではありません。しかし、「分からない」ことは不平・不満に直結します。2024年（令和６年）に、４万円の定額減税が実施されましたが、「ありがたい」の声より、「分からない」という不平・不満の声が大きかったです。「分からない」まま、複雑難解な仕組みを放置して、ＤＸやＡＩを推進しても、ますます「分からない」が巨大化します。だから、「分かりやすいバラマキ」が流行ります。基本を知ることは「秘策中の秘策」です。

Q³⁻²

「（市町村）国保」から「国保組合」へ移行できれば、
毎月の保険料が半分になるって、本当ですか？

Answer

収入がそこそこあって、扶養家族がいれば、そうな
ります。

基礎知識

①公的医療保険と民間医療保険

　医療保険は、「公的医療保険」と保険会社が運営している「民間
医療保険」に大別されます。政治家や評論家の中には「（公的）医
療保険が将来破綻する！」と叫んでいる者がいます。一方、民間
保険会社は「わが社の医療保険はすばらしい」と盛んにPRして
います。それに惑わされて、公的医療保険の保険料を滞納しても、
民間医療保険の掛け金をせっせと支払っている人がいます。これ
は100％間違いです。公的医療保険が破綻するときは、日本経済は
無茶苦茶になっています。したがって、公的医療保険が破綻する
前に、民間医療保険は破綻しています。

　生活費がギリギリなら、民間医療保険を解約すべきです。誰に
相談しても、どこに相談しても、そのように答えるはずです。

②公的医療保険には、いろいろある

　公的医療保険制度は、図表3-2-1をみてください。混乱するのは、
「健康保険」「組合」という単語です。あちこちに、「健康保険」「組
合」の文字が登場しています。そのため、会話をしていると、会
話が通じなくなってしまうことが、しばしばです。それで、図表
3-2-1を、私なりに簡略したものが、図表3-2-2です。

図表 3-2-1　医療保険制度

<table>
<tr><td colspan="3" rowspan="2">制度名</td><td rowspan="2">保険者
（令和4年3月末）</td><td>加入者数
（令和4年3月末）</td><td>本人</td></tr>
<tr><td></td><td>家族</td></tr>
<tr><td rowspan="6">健康保険</td><td rowspan="4">一般被用者</td><td rowspan="2">協会けんぽ</td><td rowspan="2">全国健康保険協会</td><td rowspan="2">4,027万人</td><td>2,507万</td></tr>
<tr><td>1,519万</td></tr>
<tr><td rowspan="2">組合</td><td rowspan="2">健康保険組合　1,388</td><td rowspan="2">2,838万人</td><td>1,641万</td></tr>
<tr><td>1,197万</td></tr>
<tr><td colspan="2" rowspan="2">日雇い</td><td rowspan="2">全国健康保険協会</td><td rowspan="2">1.6万人</td><td>1.1万</td></tr>
<tr><td>0.5万</td></tr>
<tr><td colspan="3" rowspan="2">船員保険</td><td rowspan="2">全国健康保険協会</td><td rowspan="2">11万人</td><td>5.7万</td></tr>
<tr><td>5.6万</td></tr>
<tr><td rowspan="3">各種共済</td><td colspan="2">国家公務員</td><td>20共済組合</td><td rowspan="2">869万人</td><td rowspan="2">477万</td></tr>
<tr><td colspan="2">地方公務員</td><td>64共済組合</td></tr>
<tr><td colspan="2">私学教職員</td><td>1事業団</td><td>392万</td></tr>
<tr><td rowspan="3">国民健康保険</td><td colspan="2" rowspan="2">農業者
自営業者等</td><td>市町村　1,716</td><td rowspan="3" colspan="2">2,805万人
市町村
2,537万
国保組合
268万</td></tr>
<tr><td>国保組合　160</td></tr>
<tr><td colspan="2">被用者保険の
退職者</td><td>市町村　1,716</td></tr>
<tr><td colspan="3">後期高齢者医療制度</td><td>（運営主体）
後期高齢者
医療広域連合　47</td><td colspan="2">1,843万人</td></tr>
</table>

出典：「厚生労働白書令和5年版」より作成

図表 3-2-2　簡略した医療保険制度

会社の健康保険	協会けんぽ	中小企業の会社員
	健保組合	大企業の会社員
各種共済		公務員、私学教職員
国民健康保険	（市町村）国保	自営業、農業、無職者
	国保組合	自営業でもまとまりのある同業同種
後期高齢者医療制度		75歳以上全員

出所：著者作成

③国民健康保険には

　　国民健康保険には、(市町村) 国保 (国民健康保険。特別区を含む)」と「国保組合 (国民健康保険組合)」があります。自営業の場合、大半は「国保 (市町村)」に加入します。しかし、特定の職種では「国保組合」(160 組合) が存在します。

答の説明

　普通に働いていて、普通の収入・所得がある人で、「(市町村) 国保」加入者が、「国保組合」に加入できれば、保険料が半額になるかどうかは、ともかくとして、かなり安くなります。半額程度になる人もいます。国保組合によって、かなり保険料に差があるため、一律には言えません。明確に言えることは、**「国保組合に加入できればお得な可能性が大です」**です。ただし、**収入・所得がかなり低い人は「(市町村) 国保」の方が、安いです。**

どんな「国保組合」があるか

「国保組合」は 160 組合ありますが、どんな業種でしょうか。

①医師国保組合…48 組合
②歯科医師国保組合…27 組合
③薬剤師国保組合…17 組合
④土木建設国保組合…6 組合
⑤一般業種国保組合…36 組合
　　一般業種 36 組合の中に税理士、弁護士、理容、美容、芸能人、芸術家、文芸美術、料理飲食、技芸、食品販売、自転車商、青果卸売、浴場、写真材料、食品衛生、酒販など。
⑥全国健保組合未加入国保…26 組合
　　左官タイル塗装国保、板金国保、全建総連関係の 22 組合、建設連合国保、建設国保

自分が、国保組合に加入できるかどうかは、「一般社団法人 全国国民健康保険組合協会」のＨＰの「リンク」→「国民健康保険組合」で調べてください。①〜⑤までのＨＰに繋がります。⑥についてはウィキペディアの「全国国民健康保険組合協会」で各ＨＰへ繋がります。なお、リンクしていない国保組合もありますが、その場合は国保組合の名称で検索すれば、ＨＰがでてきます。

　ＨＰで調べても、例えば、土木・建設の場合、複数の国保組合があります。国保組合の母体の労働組合も複数あります。したがって、「どっちが良いか」で悩みます。結論は「どちらでも、いいじゃないか。(市区町村) 国保よりは、良い」ということです。まあ、人間関係というか、ご縁で、どちらかに決めます。

　繰り返しですが、収入・所得が極めて少ない人は、「(市区町村) 国保」の方が有利です。

好奇心、京都花街国保組合

　「⑤一般業種国保組合…36 組合」の中に、「京都花街国保組合」があります。「一般社団法人 全国国民健康保険組合協会」とリンクしていないので、直接、「京都花街国保組合」で検索すれば登場します。京都花街なんて、まるで縁がないので、見てみました。次がＨＰの冒頭の文章です。

　京都には祇園甲部、宮川町、先斗町（ぽんとちょう）、上七軒、祇園東の五つの花街があります。これを総称して五花街（ごかがい）と呼んでいます。私たちの業界に従事する者は９割までが女性ですが、日本が誇る舞踊や邦楽など伝統ある芸能文化の向上に努め、その伝承者としての役割を果たしてきました。春や秋には華やかな、を (お) どりが各花街で催されます。

　しかしながら、昭和の最盛期には京都で 3,000 人ともいわれた芸舞妓の数は昭和 35 年の花街国保設立時には 1,200 人、そして現在では 230 人台までと大幅に減少しています。被保険者数も設立時 (約 2,900 人) の６分の１近くまで減り 500 人台を割りました。

第３章　医療保険　　65

Q³⁻³

フリーランスが社会保険に入って、保険料が激安になる、という話がある。詐欺話ですか？

Answer

詐欺です。昔も同じような詐欺がありました、再流行です。

詐欺の解説

①この場合の「社会保険」とは、「狭義の社会保険」で、医療保険・年金保険・介護保険を言います。

②（Q 3-2）の「（市町村）国保」から「国保組合」に移行できれば、「お得」という話は本当の話です。

③（Q 3-3）の話は、詐欺師が架空会社をもっている。フリーランス・自営業者を入社させる。社員としての実態がない架空社員である。架空社員は協会けんぽに加入する。そして、「協会けんぽ」の保険料が安くなるような、低賃金とする。そんな理屈だろう。

④むろん、詐欺師に手数料などを支払う。「協会けんぽ保険料プラス手数料」の方が、従来の「（市町村）国保の保険料」よりも安いから、喜ぶ。しかし、喜ぶのは、数カ月だけだと思う。

⑤詐欺師は「ヤバイ」と感じれば、さっさと架空会社を消滅させるだろう。

⑥「数カ月だけでも得したい」と思う人もいるだろう。しかし、トンデモナイ苦労が襲うかも知れない。

⑦なお、詐欺師は、医療保険の保険料だけでなく、年金も「国民年金から厚生年金へ替わる。この保険料も安くなる」と言うだろう。さらには、所得税も住民税も安くなる、と言うだろう。人間、似たような話を繰り返されると、なんとなく洗脳されてしまう。

図表 3-3-1　4 つの主要医療保険の比較

	国民健康保険		健康保険	
	（市町村）国保	国保組合	協会けんぽ	健保組合
対象者	自営業・フリーランス・農民・無職者	地域でまとまりのある同業同種の個人事業主	中小企業の会社員	大企業の会社員
保険料の目安	所得の 8 ～ 14%	組合により大きな違いがあり一定額が多い	標準報酬月額の10%。会社が半分負担	標準報酬月額の6 ～ 10%。会社が半分以上負担
保険料の被扶養者	なし	あり（健康保険と相違）	あり	
医療費の自己負担	現役世代は 3 割			
医療費が高い場合	高額療養費、高額介護合算療養費			
出産育児一時金	全国一律 50 万円			
出産手当金	なし	ある組合が多い	あり	
傷病手当金	なし	ある組合が多い	あり	
葬祭費（埋葬料）	2 ～ 7 万円	組合により大きな違いあり	5 万円	5 万円（一部組合で上乗せ）

出所：著者作成

⑧フリーランス・自営業で保険料を下げたいならば、

　㋐所得税の確定申告をぬかりなく実行。

　㋑繰り返しですが（Q 3-2）の「（市町村）国保」から「国保組合」に移行できないかを検討する。

　㋒とても儲かっているならば、自分でしっかりした会社を設立する。それが正常な方法です。

　参考までに、

　詐欺師のテクニックの一つは、「社会保険」という用語の使用です。「社会保険」の意味が分からないまま、「有利です」と説明します。

　図表 3-3-1 は私が作成したものですが、詐欺師はおそらく「（市町村）国保と社会保険」の比較話にして、「とってもお得」を説明します。顧問には、弁護士も税理士も厚労省ＯＢもいます、なんて言います。得しているという体験談も登場するでしょう。複雑難解な公的医療保険を熱心かつ親切に説明します。聞いている人は、なんとなく分かった気持ちになります。そして騙されます。詐欺師は、とても頭が良いのです。くれぐれも、用心、用心、ご用心。

Q3-4

（市町村）国保の保険料を滞納している。どうなるか。どうしようか？

Answer

最後は、差し押さえになります。相談の仕方があります。

基礎知識

①会社員の医療保険である「協会けんぽ」「健保組合」、及び公務員等の「各種共済」は、給与から天引きなので、滞納はない。

②滞納が発生するのは、（市町村）国保と国保組合、後期高齢者医療制度である。混乱するので、「（市町村）国保」だけを考えます。

③「（市町村）国保」の保険料の計算方法

図表 3-4-1 は杉並区のものですが、市町村によって、書かれてある数字は異なります。国保の保険料を理解している人は、この図表を見て、「整理整頓された図表」と思うでしょう。

でも、普通の人は、読み取る気力さえ生じません。眺めて「合計賦課標準額」って何だ？となります。「賦課標準額」＝「旧ただし書所得」＝「前年の総所得金額等」－「基礎控除額 43 万円」と説明しても、何だとなります。説明は大変なので、省略します。

何事も、全体像を把握することが大切です。

この図表の全体像は、[A＋B＋C＝世帯の保険料] です。

そして、そのエキスは、[所得割額＋均等割額] です。

こう書いても、なんのコッチャですが、世の中、ほとんどは、なんのコッチャ分からないままです。テレビのカラクリは分からないが、スイッチを押せば映ることは知っています。「保険料のカラクリを知らな

いため、損をしている」人が、かなりいます。だから、続けて読んで下さい。

図表 3-4-1 「(市区町村) 国保」の保険料計算 (令和6年度杉並区の場合)

Ⓐ 医療分保険料の計算方法

※世帯の最高限度額は65万円　　　　　　　　　　　　　　　　　※未就学児は半額

Ⓑ 支援金分保険料の計算方法

※世帯の最高限度額は24万円　　　　　　　　　　　　　　　　　※未就学児は半額

Ⓒ 介護分保険料の計算方法

※世帯の最高限度額は17万円

出所:『令和6年度　国保のてびき (杉並区)』より

④ (市町村) 国保には、被扶養がない。

「協会けんぽ」「健保組合」「各種共済」は、扶養・被扶養の考えで、専業主婦や子供は保険料にカウントされません。つまり、被扶養者が何人いようと保険料は増えません。

「国保組合」は、多くの組合で扶養・被扶養の考えがあります。ただし、被扶養の範囲が、やや異なっている組合がみられます。

しかし、「(市町村) 国保」だけは、扶養・被扶養の考えがなく、加入者一人一人が保険料に反映します。

〔答の説明・1〕滞納していると、どうなるか。
1　督促状

納付期限を過ぎると、「督促状」が届きます。これは、いわば「早く払って下さい」というお願いです。電話やSNSでのお願いも来るようになります。この段階は、お願いです。

2　短期保険証

滞納期間が長期間となると、「保険証（2年間有効）」が「短期保険証（有効期間が数カ月）」に切り替えられます。

3　資格証明書

それでも相談しない、滞納継続となると、「短期保険証」から「資格証明書」に切り替わる。これは、医院・病院の窓口で支払う医療費が普通は3割自己負担だが全額自己負担となる。

医院・病院で全額負担した後、役所の国保の窓口で、7割の払い戻しの申請をする。そうすると、7割が戻って来る。通常は、滞納金と相殺されてしまう。

4　催告状

資格証明書になっても健康であれば不自由はない。それで、納入しないと、「催告状」が届きます。これは、「最後通告」です。相談に来なければ、「法的措置を取る」という文言があります。

5　差し押さえ

「法的措置を取る」とは、不動産や預貯金などの財産の「差し押さえ」です。単なる脅し文句ではなく、実際に、差し押さえが実行されます。私の経験では、差し押さえになって、「なんとか、ならないか」と相談に来た人が、何人もいました。

〔答の説明・2〕どうすべきか。

[お金・資産がある人のケース]

通常、「（市町村）国保」の保険料だけでなく、国民年金の保険料も所得税・住民税・固定資産税も滞納しています。基本的に、「役所への支払い」を甘くみていて、払っている月もあれば、払っていない月もあり、「♬そのうちナントカなるだろう～♬」という気分の人です。差し押さ

えになって、びっくりです。本人も払わなければならないと思っているのですが、「保険料本体」は払うが、「延滞金」は払いたくない、と言います。「延滞金」の利率は、サラ金の半分近い高利です。喧嘩腰ではなく、低姿勢で窓口で相談すれば、延滞金はオマケしてくれるケースもあるようです。

［ギリギリの生活状態のケース］

役所は資産・預貯金がない人の場合、差し押さえるモノがないので、督促の手紙・電話を繰り返すだけですが、やはり、誠意というか、若干余裕がある時に、少しは払った方が精神的に楽と思います。**払い方は、「保険料本体」の部分だけで、「延滞金」は後回しにする。**「保険料本体」には延滞金がつくが、「延滞金」には延滞金がつかないから増加しない。

窓口で「延滞金もお願いします」と言われたら、「やっと、この金額だけ工面できました」と言えば、それで受け取ってくれます。

そんなことを繰り返し、最後は、「延滞金」だけが残ります。「延滞金」に延滞金はつきませんから、増加しません。かなりお金に余裕ができたら払えばいいですし、ひょっとすると、役所の方で不能欠損として処理してくれるかもしれません。

［まったくお金に余裕がないケース］

滞納が続き、すでに「資格証明書」の段階にあります。素人目にも、ヨロヨロの苦痛状態です。私が、「2～3千円、持っていないか」と聞いたら、「それくらいなら」と返事をします。「じゃ、2千円だけもって、役所へ行って、どうしても医院へ行かねばならない。今、手元に、2千円しかない。なんとかしてください。助けてください」と言う。それで、ナントカなったのですが、本人は「何がどうなったのか」理解できないので、「ナントカなった」としか連絡が来ませんでした。おそらく、「短期保険証」を用意してくれたと思います。

なお、「生活保護」に直結するケースも、当然あります。

Q3-5

保険料が7割5割2割減額されると聞きましたが、
私は、減額されますか？

Answer

減額されるのに、知らないため、減額されないまま
支払っている低所得の世帯が、非常に大勢います。
あなたも、そうかも知れません。

解　説

①低所得世帯は減額

保険料のエキスは、[所得割額＋均等割額] です。そして、世帯で合
算した所得が少ない人は、均等割額が、7割、5割、2割の減額となり
ます。

なお、面倒な話ですが、[所得割額＋均等割額] は市町村によって、
[所得割額・資産割額（応能割）＋均等割額・世帯平等割額（応益割）]と
なります。「そりゃ何だ？」となりますが、この部分は役所が計算する
ので、役所にお任せです。

図表 3-5-1　「（市町村）国保」の貧富階層イメージ

高所得世帯	最高限度額世帯
中所得世帯	所得割額＋均等割額
低所得世帯	所得割額＋均等割額（7割、5割、2割の減額）

②減額判定基準額

ここでの説明および図表3-5-2を、1～2回読んで理解できた人は、
税の仕事に関与している人でしょう。一応書いておきますが、面倒な人
は③へ飛んでもかまいません。この計算は役所が行いますので、知らな
くてもいいのです。ところが、役所でも計算できない人が非常に大勢い

ます。それが重大問題です。そのことを③で述べます。

　まず、くれぐれも「収入」と「所得」を間違えないように。
　「減額判定対象者」全員の総合課税分と山林所得、株や配当などの分離所得の合計額をもとに判定する。「減額判定対象者」とは、被保険者（国保加入者）、世帯主（国保に加入していない場合も含む）及び特定同一世帯所属者（国保から後期高齢者医療制度に移行された人）です。

図表 3-5-2　国保料の減額判定基準額

減額割合	判定基準額
7 割減額	43 万円＋ 10 万円×（給与所得者等（※ 1）の人数−1）以下の世帯
5 割減額	43 万円＋ 29.5 万円×被保険者数（※ 2）＋ 10 万円×（給与所得者等（※ 1）の人数−1）以下の世帯
2 割減額	43 万円＋ 54.5 万円×被保険者数（※ 2）＋ 10 万円×（給与所得者等（※ 1）の人数−1）以下の世帯

※ 1　給与所得者等の「等」は、公的年金所得者。
※ 2　被保険者数には、同じ世帯の中で国保から後期高齢者医療制度に移行した人を含みます。
※　　65 歳以上で、公的年金収入から所得を求める場合は、特別サービスで「年金収入−公的年金等控除− 15 万円（高齢者特別控除）＝所得」となります。（国民健康保険法施行令付則第 13 条）
※　　遺族年金・障害年金の非課税所得は減額判定基準に含まない。

③あなたの所得額が分からないと、減額したくてもできない。

　通常、所得税の年末調整や確定申告で、そのデータが市町村に届き、市町村が住民税や国保料を計算します。市町村は、その際、7 割・5 割・2 割の減額対象者を把握して、自動的に減額します。
　しかし、確定申告しない人が、かなり多い。税務署のチラシにも、「これこれの人は、確定申告をしなくてよい」と書いてあります。もっとも、「所得税の確定申告が不要でも、住民税の申告が必要な人がいます」と書いてありますが、理解できる人は少数でしょう。その結果、所得税の確定申告がない、住民税の申告もない、という人が生じます。
　そうなると、役所は、その人の所得が分からない。「本当は 7 割・5

割・2割減額の対象者かも知れないが、分からないので、困ってしまう」ということになる。それで、「国民健康保険料に関する申請書」を郵送します。そもそも、医療保険制度は複雑なので、じっくり読む気力が発生せず、その申請書はゴミとなる。

　ということで、役所は、あなたの所得が分からないので、減額しない保険料を請求する。そして、多くの人は、「高いなぁ～」と感じつつも、真面目に払っています。

④「7割・5割・2割、減額されませんか」と尋ねるだけ。

　どの程度の所得額だと減額になるだろうか。一応、モデルで計算したのが、図表3-5-3です。

図表3-5-3　共働き3人家族の場合（この数字は「所得」です）。

減額割合	モデルの減額判定基準額（所得）	左を収入に換算
7割減額	43万+10万×（2-1）＝53万円以下	108万円未満
5割減額	43万+29.5万×3+10万×（2-1）＝141.5万円以下	213.6万円未満
2割減額	43万+54.5万×3+10万×（2-1）＝216.5万円以下	320.4万円未満

　私の相談経験では、高齢者単身世帯・高齢者夫婦世帯で、「減額されるのに、知らないために、余分に支払っている」世帯が多かった。

　高齢者単身世帯（68歳）で、ギリギリ年金生活で、年間7万円以上の保険料を請求されていれば、均等割が減額されていないということなので、役所に相談に行った方がよいと思います。ダメで、もともと。

　役所へ電話する、窓口へ行く。動かなければ、何事も始まらない。「私の国保の保険料、7割・5割・2割の減額になりませんか」と尋ねるだけ。それだけです。そして、役所の窓口は、コンピュータをポンポンポンと打って、すぐに結論が分かります。「減額できます」と返事があれば、必ず、必ず、必ず、「時効いっぱい、遡って減額してください」と言ってください。これを言わないと、来月から安くなるだけ。保険料の時効は2年、保険税の時効は5年です。予想外の臨時収入で、思わず、ビ

ックリ、ニッコリ。

⑤自己負担額を高額にして、ビックリさせて

あなたの所得が分からないと、保険料が減額されないだけでなく、医療を受けた場合の医療費自己負担限度額も、とても高額になります。ビックリして、その時初めて、役所に相談する人もいます。役所としては、ビックリさせて、相談に来てもらおうという魂胆です。

⑥還付金詐欺に用心

詐欺師が横行しています。「○○役所の健康保険課の▲▲と申します。保険料の払い過ぎが判明しました。返却しますので、銀行の通帳を……」といった詐欺が流行るかもしれません。電話だけではなく、必ず、役所の窓口へ出向いてください。

Q3-6

失業した。「（市町村）国保」の保険料がとても高い。
減額できないか？

Answer

会社の倒産、会社都合退職など「非自発的失業者」は、
手続きで、保険料が減額されます。制度を知らずに
苦しんでいる人が大勢います。

なぜ減額されるのか

彼は、年所得500万円でした。2024年7月15日に会社が倒産しました。そして、7月16日に「（市町村）国保」に加入しました。2024年7月分の保険料は「日割り」ではなく「マル1カ月分」を「（市町村）国保」へ支払います。

保険料は彼の前年（2023年1月～12月）の所得で計算されるから、かなりの金額になります。ザックリ言って、会社の「協会けんぽ」の自己負担保険料の2倍以上となります。会社倒産で退職金もなく、無収入の境遇で、今までの倍以上の保険料支払いは、非常に苦しい。

手続きをすると、2024年7月～翌年度末（2026年3月）の間、国保料が減額となります。むろん、途中で新しい職場が見つかり就職して、そこの「協会けんぽ」または「健保組合」に加入すれば、それで終了します。

この減額制度は、2010年（平成22年）にできあがりました。

制度の概要

倒産や解雇などで失業した人が、在職中と同じ程度の保険料で、「（市町村）国保」に加入できるようにする制度。市町村での手続きが必要です。面倒くさいが、しかたがない。

内容

保険料は、前年の所得などで計算します。

減額制度は、保険料を計算する際に、失業した人の「前年の給与所得を 30 ／ 100」とみなして計算します。

対象期間

離職日の翌日から、翌年度末までの期間です。むろん、途中で「協会けんぽ」などに加入し、「（市町村）国保」の喪失となれば、それまでです。

対象者

・離職日の時点で 65 歳未満
・雇用保険の特定受給資格者（倒産・解雇など）または特定理由離職者（雇止めなど）。

前提予備知識

雇用保険では、難解な専門用語が飛び交っています。大雑把に言って、「会社都合退職」と「自己都合退職」に分かれます。なんとなく、「会社都合退職」は、仕事のミスが多くて「クビ」になったマイナスイメージ、「自己都合退職」は、より良い職場に転職するために退職というプラスイメージ、そんな感じが強いようです。したがって、「会社都合」よりは「自己都合」の方が良くて、経歴に疵がつかない、と思っている人が多いようです。

どう思っても本人の自由ですが、基本手当（失業手当）や「（市町村）国保」の減額制度に関する限り、「会社都合退職」が断然有利です。

「会社都合」と「自己都合」の二者択一の場面に遭遇したら、断固として「会社都合」を選んでください。この二者択一で失敗する人が案外多く、ゴタゴタもめる要因となっています。

離職理由のコード

「雇用保険受給資格者証」または「雇用保険受給資格通知」の「離職

理由」欄に、次の番号（コード）が記載されている人が対象です。

図表 3-6-1　減額される離職理由番号（コード）

特定受給資格者	11・12・21・22・31・32
特定理由離職者	23・33・34

　市町村のパンフレット、ＨＰには、図表 3-6-1 が記載されているだけ
で、「何のこっちゃ？」となります。それで、若干の意味を付け加えた
図表 3-6-2 を掲載しておきます。

図表 3-6-2

	離職コード		意　　　味
特定受給資格者	1 A	11	解雇（1B、5E を除く）
	1 B	12	天災などで事業継続不可能による解雇
	2 A	21	特定雇止めによる離職（雇用期間 3 年以上雇止め通知あり）
	2 B	22	特定雇止めによる離職（雇用期間 3 年未満等更新明示あり）
	3 A	31	事業主からの働きかけにより正当な理由のある自己都合退職
	3 B	32	事業所移転等にともなう正当理由のある自己都合退職
特定理由離職者	2 C	23	特定理由の契約期間満了による離職（雇用期間 3 年未満等更新明示なし）
	3 C	33	正当な理由のある自己都合退職（3A、3B、3D を除く）
	3 D	34	特定の正当な理由のある自己都合退職（説明略）
一般受給資格者	2 D	24	契約期間満了による退職（2A、2B、2C を除く）
	2 E	25	定年、移籍出向
	4 D	40	正当な理由がない自己都合退職
	4 D	45	正当な理由がない自己都合退職（説明略）
	5 E	50	被保険者の責めに帰すべき重大な理由による解雇
	5 E	55	被保険者の責めに帰すべき重大な理由による解雇（説明略）

　法令では、離職理由を３つに区分しています。
　「特定受給資格者」とは、会社の倒産や解雇で、急に退職せざるを得
なかった人です。
　「特定理由離職者」とは、期間のある労働契約が更新されなかった、

あるいは、健康や家庭の事情で退職した人です。

「一般受給資格者」とは、その他です。

手続き必要

「雇用保険受給資格者証」または「雇用保険受給資格通知」が必要です。

おまけの話：保険料ゼロへの道があるかも

先に、「会社都合退職」と「自己都合退職」の選択で、ゴタゴタもめる人がいる、と述べましたが、要するに、この「離職理由番号（コード）」でもめる、ということです。失業という逆境で、弱気の精神構造になってしまって、なんでも「ハイ、ハイ、ハイ」と返答してしまうらしいのです。逆境の時こそ、面倒でも、しっかり考えましょう。「言うは易し、行いは難し」ですが、しっかり考えましょう。

考えていると、「（市町村）国保」の減免ではなく、まったく別の解決法を発見するかも知れません。たとえば、

①配偶者・親族が加入している健康保険の被扶養者になれるかもしれない。そうなれば、保険料ゼロです。

⊡「（市町村）国保」の保険料が「最高限度額」の家族がいれば、その世帯に入ってしまう。世帯人数が何人でも、「最高限度額」は変化なし。

Q³⁻⁷

「（市町村）国保」の保険料を払いたくても、貧しいので、払えません。どうしよう。

Answer

国保料の「減免制度」なるものがあります。これを利用する。ただし、これは、「（市町村）国保」の保険料最大の「謎」です。

減額（軽減）制度の整理整頓

国保料には「減免制度」があります。

それとは別に、国保料を「減額（軽減）」するいろいろな制度があります。「減額」と言いながら、中には「免除」もあります。いろいろあるので、整理整頓してみます。

㋑「7割・5割・2割」減額

㋺非自発的失業者の保険料を減額

㋩後期高齢者医療制度に移行にともなう減額

　　たとえば、夫が「協会けんぽ」に加入していた。妻は専業主婦で、「夫の協会けんぽの扶養家族」なので保険料無料であった。それが、夫が75歳になり、自動的に後期高齢者医療制度に移行した。すると、妻は「（市町村）国保」に加入しなければならず、保険料を払うことになります。こうした場合、妻の保険料を「減免」します。均等割は2年間、5割「減額」し、所得割は当分の間、「免除」します。

　　「当分の間」って、「何年間くらいか？」と疑問が湧きますが、国会議員は「グレー」「まあまあ主義」が好きなのでしょう。これは、批判ではなく、「世の中は白黒はっきりしないことが多いものだ」ということが分かっているのでしょう。

㊁未就学児の均等割保険料が半額に

2022年（令和4年）4月から実施。国が実行したので、全国共通です。

㋭産前産後の母の保険料を免除

2024年（令和6年）1月から、産前産後期間（単胎は4カ月間）の均等割保険料及び所得割保険料が「免除」になりました。これは、母親の保険料のことです。

「（市町村）国保」だけでなく、公的医療保険に共通です。

それから、市町村のHPでは「減額」と書いてあるところがあります。これは、国保料は世帯単位で請求するので、たとえば、夫がいる場合、母の保険料は免除になりますが、夫の保険料はそのままです。世帯で考えると、「減額」というわけです。

また、赤ちゃんが生まれれば、㋺に書いたように、赤ちゃんに均等割保険料半額が生じます。

なお、「産前産後の母の保険料を免除」は、申請が必要です。

図表 3-7-1　産前産後の国保料の免除対象月

	3カ月前	2カ月前	1カ月前	出産予定月	1カ月後	2カ月後	3カ月後
単胎の人			○	○	○	○	
多胎の人	○	○	○	○	○	○	

出所：著者作成

㋬東日本大震災（2011年3月11日）、能登半島地震（2024年1月1日）に伴う国民健康保険料の減免

㋣市町村独自の保険料減額

たとえば、横浜市は、子どもがいる世帯の世帯主の所得割額を減額。2022年（令和4年）4月から。

その他、市町村によって、独自の減額制度を設けていることがあります。

第3章　医療保険　　81

世にも不思議な物語

　前段の整理整頓で列記した減額（軽減）制度も、低所得者・生活困難者にとって、とても意味のある制度です。あえて言いますが、「それよりも、それよりも」……

　国保料の「減免制度」こそ、大声で叫ばねばならないテーマです。

　保険料、最大の「謎」です。

　この「謎」が解明され、しっかりした制度に改善されれば、一挙に、数十万の人々が、救われます。でも、政治家・議員は、「貧しい人を救済！」「暮らしを守れ！」と大声を張り上げますが、誰も、国保料の「減免制度」にさほどの関心を示さないようです。

　あらかじめ一言。市町村によって、ものすごく、内容が異なります。

　さらに一言。ほとんどの市町村では、この制度を「災害」と「拘禁」だけと思い込んでいます。

　したがって、**単純な「困難者」の利用は、ゼロ、ほとんどゼロ、という市町村が大半です。**

　そんな中、大阪市はしっかりした「減免制度」となっています。ついでに言いますが、大阪市は「住民税の減免制度」も、とてもしっかりしています。

　大阪市の減免制度

大阪市国民健康保険条例第 21 条（保険料の減免）

　市長は、災害その他特別の理由により保険料の全額負担に耐えることが困難であると認められる者に対して、保険料を減免することができる。

　この条文だけでは、さっぱり分かりませんが、大阪市のＨＰでは、3種に分割して説明されています。ＨＰを見るかぎり、大阪市は、「減免制度」に、とてもしっかり取り組んでいることが分かります。

　①所得減少（退職、倒産、廃業、営業不振等）にかかる減免（要申請）…

重要問題は、これです。次の段で説明します。

②災害にかかる減免（要申請）…災害の場合は、どこの市町村でも広報をジャンジャン実施しますので、説明省略。

③拘禁による減免（要申請）…少年院・刑務所に入所している期間。当然なことなので、説明省略。

ここからが重要ポイントです。①の説明です。所得が減少する原因（所得減少事由）が発生した月以降の「世帯見込み所得」が、前年より30％以上減少する世帯について、所得割を「減免率表」に基づき減免します。

図表 3-7-2　大阪市の国保料減免の減免率表

所得減少率	減免率
100%	100%
90%以上100%未満	90%
80%以上90%未満	80%
70%以上80%未満	70%
60%以上70%未満	60%
50%以上60%未満	50%
40%以上50%未満	40%
30%以上40%未満	30%

出所：大阪市ＨＰより

横浜市の減免制度

横浜市国民健康保険条例第22条（保険料の減免）

市長は、次のいずれかに該当する者に対し、保険料を減免することができる。

(1) 災害その他これに類する事由により生活が著しく困難となった者のうち必要があると認められるもの

(2) その他特別の事情があると認める者

大阪市の条文と大差ないのですが、ＨＰの説明は見劣りします。横浜市の「保険料の減免を受けられる場合」という図表が掲載されている

第3章　医療保険　83

のですが、その図表から、「7割・5割・2割減額」「災害」「拘禁」を削除すると、図表3-7-3になります。大阪市に比べとても見劣りします。

図表3-7-3　横浜市の国保料減免で「所得減少」の部分

事情	基準	減額免除
所得減少	失業又は事業の失敗等により所得が著しく減少した場合	所得金額の減少率により所得割額を減額

出所：横浜市ＨＰより

杉並区の減免制度

　杉並区国民健康保険条例第24条（保険料の減免）の条文は、大阪市・横浜市と似たものなので記載を省略します。

　そして、杉並区のＨＰには、保険料の減免制度について簡単な説明があり、その中に、「死亡、疾病、負傷により収入や資産がなく、生活が著しく困難となった場合」という文言があります。

　「生活が著しく困難」とは、どんな程度か？

　調べてみると、東京都は、「生活保護基準額の115％以下」で指導しています。

　そして、原因はともかくとして、「生活が著しく困難」ならば、申請すれば「保険料の減免」になるはずなのに、現実は、「申請がないから、減免者ゼロ」という有様でした。それゆえ、私は杉並区に「変じゃないの、なんとかすべき」と要請し、その結果、杉並区は『令和元年度　国民健康保険料の減免制度のご案内』（令和元年10月作成）というチラシを作成しました。

　そのチラシには、

　世帯の実収入額が「基準生活費」以下であること。「基準生活費」とは、「生活保護認定基準の115％」にあたる額です。そして「基準生活費」の例がのっています。

図表 3-7-4　基準生活費例

世帯構成	生活基準額	住宅費（家賃）	合計
単身（65歳）	89,961 円	80,270 円　上限	170,231 円
2人世帯（20歳、59歳）	140,947 円	86,250 円　上限	227,197 円

出所：杉並区チラシより

　チラシができて、さあこれから、国保料の減免制度をＰＲしようと思っていたら、新型コロナが大流行し、国は急きょ、「国保料の新型コロナ特例減免」をつくりました。これの利用者は、アッと言う間に杉並区だけでも 1,000 人を超えました。そんなことで、「通常の国保料の減免制度」をＰＲしても効果なし、と判断しました。

　新型コロナ特例減免が終わったので、そろそろ、「通常の国保料の減免制度」の普及が必要と思っています。とにかく、

　㋑「国保料の減免制度」は、全国の多くの市町村では、有名無実、チャランポラン（いいかげん）になっている。それではいけない。

　㋺減免制度の内容も、**大阪市では「減収割合」が基準、東京では「収入額」が基準**と、大きく異なります。どちらが良いのか、どっちでも良いのか……。どっちでもいいから、とにかく申請しよう。

第 3 章　医療保険　　85

Q³⁻⁸

保険料を滞納しています。出産育児一時金 50 万円は
もらえますか？

Answer

もらえます。安心して、出産に向かってください。

出産育児一時金 50 万円とは

　昔のことは、さておいて、今は、病院・診療所・助産所での出産が、
99.9％です。そこへの支払額は、正常分娩の場合、40 万〜 60 万円です。
正常分娩は、病気でないので、公的医療保険の対象外です。でも、公的
医療保険から、2023 年（令和 5 年）4 月から、全国一律で**出産育児一時
金 50 万円**の支給となりました。それまでは、42 万円でした。

　したがって、差額が発生します。医療機関への支払いが多ければ、自
分で負担します。逆であれば、得したことになります。出産一時金は申
請が必要です。

図表 3-8-1　正常分娩の平均的な出産費用

平成 28 年度公益社団法人国民健康保険中央会

内訳	平均値	中央値	備考
分娩料	254,180 円	250,000 円	
入院料	112,726 円	102,000 円	平均 6 日
室料差額	16,580 円	0 円	個室を希望した場合
産科医療補償制度	15,891 円	16,000 円	重度の脳性麻痺の場合の家族への経済的補償制度
新生児管理保育料	50,621 円	51,500 円	生まれた赤ちゃんの保育。検査
検査・薬剤料	13,124 円	10,000 円	
処置・手当料	14,563 円	5,560 円	
その他	28,085 円	18,440 円	
合計負担額	505,759 円	493,400 円	

出所：国民健康保険中央会ＨＰより

お産は正常分娩だけとは限りません。

無痛分娩（和痛分娩）は、完全に痛みがなくなるわけではありません。麻酔で痛みを少なくするだけです。副作用を指摘する人も多いです。でも、独自の補助金を出す市町村もあります。群馬県下仁田町は10万円補助しています。補助実施団体は少ないですが、2024年の都知事選挙では小池氏が公約しました。副作用問題は、どうなったのか。

帝王切開は公的医療保険の対象となります。この場合、自己負担分が多いので、当然のこと高額療養費として負担軽減となります。

ゴチャゴチャした話ですが、出産に係る費用は、所得税・住民税の医療費控除の対象です。しかし、出産育児一時金50万円などの助成金・補助金は差し引いて申告しなければいけません。出産という大事業に際して、お金に関係する制度・手続きが沢山あり困ってしまいます。生活ギリギリの人はパニックになります。

なお、出産育児一時金が、2023年（令和5年）4月から42万円から50万円になりましたが、出産数は増加しませんでした。今後、正常分娩を医療保険の対象にする方向で検討されているようです。そうなると、50万円はどうなるのかな……。

出生率アップのため、あれやこれや検討されていますが、先進国はどこも合計特殊出生率は2.0以下です。フランスが2.0以上だったのは、2010年前後のことで、今もって、その記憶で出生率を語る人がいます。日本の人口減少は今後も「事実」です。「事実」と「願望」を間違えて、「幻想」を振りまく人が大勢います。

出産手当金
「出産育児一時金」50万円と「出産手当金」を勘違いされている人がいましたので、若干の説明をいたします。

図表 3-8-2　分娩の種類と費用

分娩の種類	費用
正常分娩（自然分娩）	約50万円
無痛分娩	正常分娩費用　＋　10〜20万円
帝王切開（異常分娩）	60〜80万円 手術費用は保険適用で3割自己負担
LDR室（陣痛から産後回復までの専用室）	正常分娩費用　＋　1万〜5万円

　会社員の健保組合（大企業）・協会けんぽ（中小企業）では、「出産手当金」が支給されます。健康保険法の第102条（出産手当金）では「被保険者が出産したときは、出産の日以前42日から出産の日後56日までの間において、労働に服さなかった期間、出産手当金を支給する」とあります。要するに、絶対に支給しなければなりません。

　出産のため会社を休むので、給与がなくなります。その間、支払われますよ、というわけです。出産でテンヤワンヤなのか、ぼんやりなのか、申請を忘れてしまう人がいるようです。

　（市町村）国保の人はどうなのか。会社勤めじゃないが、出産で仕事ができない。「仕事ができない。収入がない」のは同じです。でも、**（市町村）国保からは、「出産手当金」は支給されません。**

　国民健康保険法第58条の2では「市町村及び組合は、前項の保険給付のほか、条例又は規約の定めるところにより、傷病手当金その他の保険給付を行うことができる」とあります。「その他の保険給付」に「出産手当金」が含まれており、「条例・規則」を定めれば、「出産手当金」が可能という条文になっています。しかしながら、条例・規則を定めて「出産手当金」を支給している市町村はありません。

　国保組合の多くは規則を定めて「出産手当金」を支給しています。

出産とお金のまとめ

出産とお金の関連について、簡単にまとめてみます。

①妊産婦健康診査

　妊娠が判明したら市町村あるいは保健所に届出をする。すると、

「母子健康手帳」、「妊産婦健康診査受診票」などが渡されます。妊産婦健康診査の検査項目、助成金限度額は市町村によって異なります。そのため、妊産婦健康診査は「受診票」があれば、原則無料ですが、自己負担金が発生することもあります。また、病院独自の検査があり、高度な検査の場合、10万円を超えることもあります。

②出産準備費用

マタニティウェア、骨盤ベルト、ほ乳ビンなど数万円が必要です。ベビーベッドなどを購入すると15〜20万円となります。自治体によっては、数千円〜数万円の商品券を配布しています。

リサイクルショップを知っておくことは、とても大切です。

③年金の産前産後期間（原則4カ月）の保険料免除。年金だけでなく、医療・介護保険料も。

厚生年金の「産前産後期間の保険料免除制度」は、2014年（平成26年）4月からスタートしました。

国民年金の「産前産後期間の保険料免除制度」、2019年（平成31年）4月からのスタートでした。このため、国民年金の保険料は月額100円値上げとなりました。

それから、会社員の場合、厚生年金だけでなく、医療保険料・介護保険料も免除になります。つまり、狭義の社会保険料（年金・医療・介護）が免除になります。会社が手続きします。また、（市町村）国保の保険料も母親は免除となります。

④出産手当金

前段に書いたとおりです。

会社の健保組合、協会けんぽでは、支払われます。（市町村）国保

はありません。国保組合は、あります。

⑤分娩と出産育児一時金 50 万円

前段に書いたとおりです。

⑥医療費控除を忘れないこと。

⑦児童手当…申請の翌月分（月額 1 万 5000 円）の手当から支給されます。自動的には支給されません。申請が遅れて、「さかのぼって支給してほしい」と言っても無駄です。

⑧出産退職と失業保険…退職後 1 年以内に求職活動を行うことが条件です。他にも条件や手続きがあります。事前に調べておく必要があります。

愚痴を一言

日本の行政制度は、なんとなく 95％は整っているような感じです。でも、今や、理解不能なレベルまで複雑化しています。出産に際して、生活ギリギリの人が、複雑な行政を覚え、いろいろな手続きをしなければならない……、そう感じてしまえば、「そもそも出産は大変」なのに、「出産は訳が分からないほど、メチャ大変だ～」と思ってしまいます。

Q³⁻⁹

業務外の理由で大怪我をしました。入院で収入がなくなってしまいます。どうなりますか？

Answer

傷病手当金が出るから大丈夫です。

そもそも傷病手当金とは

会社員の協会けんぽ（中小企業）・健保組合（大企業）には、「傷病手当金」の制度があります。

業務外、たとえば、友人と遊びに行って大怪我した、あるいは、仕事とは無関係の病気になった。そして、労働できなくなった。その場合、支給される手当で、最長1年6カ月間、支給されます。金額は給与の約3分の2です。健保組合（大企業）の場合、1年6カ月間が延長されたり、金額がアップされることもあります。

（市町村）国保には、傷病手当金はありません。ただし、新型コロナの時期には、国民健康保険でも特定の要件に該当する人だけには傷病手当金が設けられました。

国保組合では、傷病手当金を規約で設けている組合が多くあります。

病状が固定化され、もはや労働不可能と判定されると「障害年金」に移行します。厚生年金加入者（会社員・公務員）は、「障害基礎年金」と「障害厚生年金」を受け取ります。国民年金だけの人（自営業者など）は「障害基礎年金」だけです。

健康保険法と国民健康保険法

傷病手当金の法的根拠は、健康保険法の第4章「保険給付」第3節「傷病手当金、埋葬料、出産育児一時金及び出産手当金の支給」（第99条

第3章 医療保険 91

～109条）です。

　日本の医療保険制度は、

　・健康保険法　　…協会けんぽ（中小企業）、健保組合（大企業）、共
　　済組合（公務員）

　・国民健康保険法…（市町村）国保、国保組合

となっています。したがって、「健保が…」と言われても、何を意味
しているのか分からず、おしゃべり議論になってしまうことが多くあり
ます。愚痴を言ってもしかたがないですが、まぎらわしいことです。

　なお、国民健康保険法では、第4章「保険給付」第2節「その他の
給付」（第58条）の第2項が関係条文です。

　第58条第2項「市町村及び組合は、前項の保険給付のほか、条例又
は規約の定めるところにより、傷病手当金の支給その他の保険給付を行
うことができる」。

　前述しましたが、市町村で条例を定めて傷病手当金を給付している
ところはありません。国保組合では、規約を定めて給付しているところ
が多くあります。

　　傷病手当

　さらに、ついでですが、似た単語に雇用保険の「傷病手当」があり
ます。これは、失業して、基本手当（失業手当）を受け取る手続きの途
中で病気になってしまったケースで支払われるものです。間違いやすい
ので、ご注意ください。

図表 3-9-1　傷病手当金と出産手当金

	国民健康保険		健康保険	
	（市町村）国保	国保組合	協会けんぽ	健保組合
傷病手当金	なし	規約を定めて、ありの組合が多い	あり	あり
出産手当金	なし	規約を定めて、ありの組合が多い	あり	あり

出所：著者作成

Q3-10

無料で入院できる病院があるって、本当ですか？

Answer

厚労省の「無料低額診療事業」のことです。

解説

ほとんど知られていませんが、厚労省の「無料低額診療事業」があります。すごいですねぇ〜、ビックリですねぇ〜。

対象者は、低所得者、要生活保護者、ホームレス、DV被害者など、とにかく生計困難者です。

直接、病院へ行ってもいいのですが、先に福祉事務所や社会福祉協議会に連絡して簡単な手続きをした方がスムーズに事が運びます。

毎年、取扱い延患者数は、4〜5千万人です。実人数は不明ですが、数十万人はいるでしょうか。例外的少人数ではありません。

市区町村のHPで、「無料低額診療事業」を紹介しているのは、なぜか、少ないようです。

この事業を実施している医療機関数は、全国で260カ所（平成17年度）となっています。

病院は固定資産税などが低額になります。

とにかく、「金が無くても、病院にいける、入院できる」ということを知ってください。すごいですねぇ〜。なぜ、あまり知られていないのでしょうか。金にもならない、票にもならない、ということでしょうか？

なお、介護が必要な高齢者を対象に同種の事業があります。「**無料低額介護老人保健施設利用事業**」といいます。

第3章　医療保険　　93

図表3-10-1　東京都内の無料低額診療事業の実施施設一覧（令和6年4月）

医療機関名	病床数	所在地	電話番号
三井記念病院	482	千代田区神田和泉町1	03-3862-9111
総合母子保健センター愛育病院	160	港区芝浦 1-16-10	03-6453-7300
総合母子保健センター愛育クリニック	—	港区南麻布 5-6-8	03-3473-8310
東京都済生会中央病院	535	港区三田 1-4-17	03-3451-8211
聖母病院	154	新宿区中落合 2-5-1	03-3951-1111
浅草寺病院	120	台東区浅草 2-30-17	03-3841-3330
橋場診療所	—	台東区橋場 2-2-5	03-3875-8480
橋場診療所歯科	—	台東区橋場 2-2-5	03-3875-8480
すみだ共立診療所	—	墨田区墨田 3-41-15	03-3611-5545
同愛記念病院	427	墨田区横綱 2-1-11	03-3625-6381
賛育会病院	199	墨田区太平 3-20-2	03-3622-9191
東京都済生会向島病院	102	墨田区八広 1-5-10	03-3610-3651
あそか病院	254	江東区住吉 1-18-1	03-3632-0290
大田病院	189	大田区大森東 4-4-14	03-3762-8421
大田病院附属大森中診療所	—	大田区大森中 1-22-2	03-6404-2301
大田歯科	—	大田区大森東 4-3-11	03-3762-0418
久我山病院	199	世田谷区北烏山 2-14-20	03-3309-1111
児玉経堂病院	120	世田谷区経堂 2-5-21	03-3420-1028
有隣病院	199	世田谷区船橋 2-15-38	03-3482-3611
代々木病院	150	渋谷区千駄ヶ谷 1-30-7	03-3404-7661
中野江古田病院	173	中野区江古田 4-19-9	03-3387-7321
武蔵野療園病院	92	中野区江古田 2-24-11	03-3389-5511
中野共立病院	110	中野区中野 5-44-7	03-3386-3166
中野共立病院附属中野共立診療所	—	中野区中野 5-45-4	03-3386-7311
川島診療所	—	中野区弥生町 3-27-11	03-3372-4438
救世軍ブース記念病院	199	杉並区和田 1-40-5	03-3381-7236
浴風会病院	199	杉並区高井戸西 1-12-1	03-3332-6511
滝野川病院	59	北区滝野川 2-32-12	03-3910-6336
王子生協病院	159	北区豊島 3-4-15	03-3912-2201
上智クリニック	19	荒川区町屋 4-9-10	03-3892-4514
日暮里上宮病院	81	荒川区東日暮里 2-29-8	03-3891-5291
板橋区医師会病院	199	板橋区高島平 3-12-6	03-3975-8151
小豆沢病院	130	板橋区小豆沢 1-6-8	03-3966-8411
大泉生協病院	94	練馬区東大泉 6-3-3	03-5387-3111
勝楽堂病院	105	足立区千住柳町 5-1	03-3881-0137
柳原病院	90	足立区千住曙町 35-1	03-3882-1928
柳原リハビリテーション病院	100	足立区柳原 1-27-5	03-5813-2121

西新井病院	196	足立区西新井本町 1-12-12	03-5647-1700
西新井ハートセントラルクリニック	—	足立区西新井本町 1-12-8	03-5838-0730
西新井病院附属成和クリニック	—	足立区西新井本町 5-7-14 EMS ビル 2/3 階	03-5888-6601
江戸川病院	447	江戸川区東小岩 2-24-18	03-3673-1221
メディカルプラザ江戸川	—	江戸川区東小岩 2-6-1	03-3673-1566
立川相互病院	291	立川市緑町 4-1	042-525-2585
立川相互ふれあいクリニック	—	立川市錦町 1-23-4	042-524-1371
相互歯科	—	立川市錦町 1-17-10 健生会歯科ビル	042-525-6480
健生会ふれあい相互病院	60	立川市錦町 1-16-15	042-512-8720
昭島病院	199	昭島市中神町 1260	042-546-3111
桜町病院	199	小金井市桜町 1-2-20	042-383-4111
多摩済生病院	293	小平市美園町 3-11-1	042-341-1611
南台病院	122	小平市小川町 1-485	042-341-7111
東京白十字病院	125	東村山市諏訪町 2-26-1	042-391-6111
緑風荘病院	199	東村山市萩山町 3-31-1	042-392-1101
国分寺病院	158	国分寺市東恋ヶ窪 4-2-2	042-322-0123
救世軍清瀬病院	142	清瀬市竹丘 1-17-9	042-491-1411
清瀬リハビリテーション病院	168	清瀬市竹丘 3-3-33	042-493-6111
信愛病院	199	清瀬市梅園 2-5-9	042-491-3211
ベトレヘムの園病院	96	清瀬市梅園 3-14-72	042-491-2525
桜ヶ丘記念病院	467	多摩市連光寺 1-1-1	042-375-6311
風と森メンタルクリニック	—	多摩市落合 1-35—3 階	042-400-6111
仁和会総合病院	157	八王子市明神町 4-8-1	042-644-3711

出所：東京都福祉局ＨＰから作成

Q3-11

差額ベッド料・室料は、払わなくてもいいのか？

Answer

患者の意に反して請求してはならない。

とても重要なので記憶して下さい

国からの次の通知文が極めて重要です。タイトルを読んでも、「なんのことやら……、おもしろくないなぁ～」ですが、興味を持った人がPCで検索するのに便利なので、掲載します。

『特定療養費に係る療養の基準の一部改正に伴う実施上の留意事項について』（平成9年3月14日）（保険発第30号）

各都道府県民生主管部（局）保険主管課（部）長・国民健康保険主管課（部）長あて厚生省保険局歯科医療管理官通知

蛇足ですが、2001年（平成13年）1月から、厚生省と労働省が統合して、厚生労働省となりました。平成9年の時点では、まだ厚生省でした。

そして、本文が始まります。この本分を最後まで読み切る人は、お仕事の関係上、読まざるを得ない人だけでしょう。普通人は99.9%最後まで読むことをあきらめます。そんなわけで、エキスだけを取り出します。

俗に言う「差額ベッド料」「1人～4人部屋料」は、「特別療養環境室」と言います。「5人以上の部屋」（大部屋）は、差額ベッド料・室料を取ってはいけません。

一　特別の療養環境の提供に係る基準に関する事項

（一）〜（五）省略

（六）特別の療養環境の提供は、患者への十分な情報提供を行い、患者の自由な選択と同意に基づいて行われる必要があり、患者の意に反して特別療養環境室に入院させられることのないようにしなければならないこと。

（七）したがって、**特別療養環境室へ入院させ、患者に特別の料金を求めることができるのは、患者側の希望がある場合に限られる**ものであり、救急患者、術後患者等、治療上の必要から特別療養環境室へ入院させたような場合には、患者負担を求めてはならず、患者の病状の経過を観察しつつ、一般病床が空床となるのを待って、当該病床に移す等適切な措置を講ずるものであること。

（八）〜（一二）省略

二〜七は、「特別の療養環境の提供」とは別のテーマなので省略します。

　このエキスの「エキス中のエキス」は、「患者の自由な選択と同意」「患者の意に反して特別療養環境室に入院させられることのないようにしなければならない」のです。

　このことを知っていれば、安心です。

　　　　おむつ代、病衣貸与代、テレビ代、クリーニング代など

　前段と似たような通知文があります。

　『療養の給付と直接関係ないサービス等の取扱いについて』（平成17年9月1日）（保医発第0901002号）

　この文書も読むのに骨が折れますので、要約します。

　療養の給付と直接関係ないサービスの具体例として、

　ア、おむつ代、尿とりパット代、腹帯代、Ｔ字帯代

　イ、病衣貸与代

　ウ、テレビ代

　エ、理髪代

　オ、クリーニング代

　カ、ゲーム機、パソコンの貸出

第3章　医療保険　　97

などがあります。これらの費用は、「同意を確認の上徴収すること」となっています。

　思い出すと、かれこれ約15年前、病院では、「おむつの持込禁止」が増加しました。街のドラックストアで買えば2～3万円のものが、病院では4～5万円もします。

　市区町村の中には、要介護高齢者の「おむつの現物支給」をしているところが多いですが、それさえも持ち込めません。それで、私は杉並区に「入院中は現物支給でなく、その分を現金で」と提案して実現しました。ともかくも、病院指定のおむつでなければならない、ということは、包帯と同じだから、医療費に含めるべきと思ったりもしました。どうなることやら……。

　もう一つ思い出すと、病院の駐車料金は、昔は無料か低額でした。しかし、今は随分高くなりました。

　病院は、どうやら、経営状態が黒字赤字スレスレで、医療以外でも少しでも稼ごう、という方針のようです。

退院時の支払い

　退院直前に病院から請求書を渡されます。手元に用意できるお金では、まるで足りない。「どうしようか?」そんな相談が、何件もありました。請求書を見せてもらって、**「医療費と書いてある金額は払う。室料や雑費（療養の給付と直接関係ないサービス等）の金額は、後日支払うから待ってください、と丁寧に申し出る」**とアドバイスしました。それで、すんだようです。未払い部分の請求書が1回郵送されてきた、という人がいました。請求書が来なかった、というケースもありました。たぶん、病院側は、この患者及び保証人は、厚労省の通知文を知っているな、と推理して、未払金回収は非常に難しい、と判断したのでしょう。これまで、病院が室料・雑費の未払いだけで裁判したという話を聞いたことがありません。日本の病院は、アメリカと違って、とてもやさしいのです。

Q3-12

子どもの医療費が〇〇市では無料になった、と報道されていました。本当はどうなんですか？

Answer

ぼちぼち、そうした市町村が登場してきたのは事実です。ただし、内容は市町村によってバラバラです。

医療保険の基本的骨格

①保険料を支払う。

　（市町村）国保の保険料は個人別に計算して、世帯でまとめて、世帯主に請求されます。

　基本的に、国保料は高い。低所得者層への均等割保険料７割５割２割の減額制度など各種の制度があります。さらには、「減免制度」もあります。

　（市町村）国保以外の医療保険は、保険料の額は異なりますが、「保険料を支払う」大原則は同じです。

②病気になれば医療機関にかかる。医療費の全額を支払うのではなく、原則３割だけを支払う。これを「一部負担金」と言います。

　公的医療保険の基本的意義は、病気であろうがなかろうが保険料を支払う。そして、いざ、病気になった場合は、医療費の原則３割だけ支払えばＯＫというものです。一部負担金（原則３割）のイメージ図が図表3-12-1です。

子どもの医療費無償化の流れ

　昔話ですが、1969年、東京都と秋田県が高齢者の医療費を無料化しました。他の自治体も続々と見習い、さらには、1973年に政府は老人

図表 3-12-1　医療費の一部負担金（原則 3 割）

2 割	3 割	3 割	3 割	高所得
		2 割	2 割	↑
			1 割	↓
義務教育就学前		70 歳	75 歳　後期高齢者医療制度	低所得

医療費無償化を実施しました。その結果は、老人の受診率急増、待合室は老人のサロンとなり、病院は「社会的入院」が激増しました。同時に「薬漬け」「検査漬け」の温床となりました。地方自治体の財政はピンチとなり、誰の目にも、老人医療費無償化は大失敗と分かりました。「負の遺産を消去」と「高齢化の進行」の二重対応は、とても大変でした。

　なぜ昔話をしたのか。
　現在、「子どもの医療費無償化」が大潮流になっているからです。
　全ての都道府県は「何らかの子どもの医療費助成（一部負担金軽減）制度」を採っています。市（区）町村は、それに上乗せして、何らかの、子どもの医療費助成（一部負担金軽減）制度を実行しています。
　そうした中で、いくつかの市町村は、「**高校卒まで、所得制限なし、一部負担金なし**」が増加しつつあり、脚光を浴びています。
　神奈川県の市では、そうした市が、2024 年 10 月 1 日現在で、横須賀市、平塚市、鎌倉市、藤沢市、小田原市、茅ケ崎市、逗子市、三浦市、秦野市、厚木市、大和市、伊勢原市、海老名市、座間市、南足柄市、綾瀬市と多数に及んでいます。
　横浜市、川崎市、相模原市は、人口が多いためでしょう、図表 3-12-2 が 3 市の現状です。

　東京都は、「中卒まで、所得制限あり、一部負担金は若干だけ」という医療費助成制度を、2023 年（令和 5 年）4 月 1 日から、「高卒まで、所

図表 3-12-2　横浜市・川崎市・相模原市の子どもの医療費助成の現状

自治体名	対象年齢	所得制限	一部負担金
横浜市	中学校卒	なし	なし
川崎市	中学校卒	なし	0〜3歳：なし 4歳以降：若干あり
相模原市	中学校卒 →高校卒 （2024.8.1 から）	0歳：なし 1歳以降：新児童手当 →中学校卒まで：なし 高校1年生以降：新児童手当	小学校卒まで：なし 中学1年生以降：若干あり

出所：神奈川県保険医協会ＨＰから作成

得制限あり、一部負担金は若干だけ」に拡大と発表しました。実際の事業は市（区）町村が行い、かつ、市（区）町村の負担分もあるにもかかわらず、都は市（区）町村と協議なく決めて発表しました。小池知事がテレビでアップされました。

　市（区）町村にしてみれば、「こんな重大事を事前協議もなく……」と怒りました。おそらく、突然発表の方が、「テレビで大々的に報道されるから」ということなのでしょう。

　それに怒ったわけでもないでしょうが、東京23区は、東京都の助成制度に上乗せして、「高卒まで、所得制限なし、一部負担金なし」をスタートさせました。「都が協議もなく自分勝手にやるなら、23区も自分勝手にやりますよ」という感じです。

　都下の26市が、どうするかは、各市の判断です。「不透明な決め方」のため「多摩内格差が拡大」するようです。

　「子どもの医療費助成制度」の自治体格差は拡大傾向です。「高卒まで」どころか「24歳まで」の市（豊田市・東海市）すら出現しています。所得制限も厳しい所もあれば、所得制限なし、もあります。助成内容も「一部負担金なし」から「少しだけ」まで、自治体によってバラバラです。

Q3-13

母が入院しています。１カ月の医療費が 10 万円以上になっています。「世帯分離」で安くなる、と聞きましたが、本当ですか？

Answer

ケースバイケースですが、「世帯分離」で安くなることも多くあります。

自己負担限度額・高額療養費……限度額適用認定証・マイナ保険証

医療保険の保険料を支払う。そして、医療機関にかかれば、原則３割（１～３割）の一部負担金を窓口で支払います。１～３割といっても、重い複雑な病状ですと、数十万円の場合もあります。そんな場合に、「自己負担限度額」の制度があります。

窓口で支払った場合は、申請すれば、後から（約３カ月後）、自己負担限度額を超えた分は「高額療養費」として戻ってきます。

入院前に高額が予想される場合は、事前に役所で「限度額適用認定証」の交付を受けて、医療機関窓口に提出すれば、「自己負担限度額」だけを支払うことになります。

面倒な話ですが、「マイナ保険証」をお持ちの人は「限度額適用認定証」は不要ですが、「長期入院時の食事代減額」に該当する人は「限度額適用認定証」が必要となります。複雑なことです。マイナ保険証が注目されていますが、なんら議論されていないのが不思議です。

「70 歳未満」と「70 歳以上 75 歳未満」では自己負担限度額は異なる

とりあえず、「70 歳未満の人の自己負担限度額」と「70 歳以上 75 歳未満の人の自己負担限度額」の図表を眺めてください。異なっています。

図表 3-13-1　70 歳未満の人の自己負担限度額 (令和 6 年 4 月 1 日時点)

所得区分			自己負担限度額	4 回目 以降 の限度額
住民税 課税 世帯	ア	賦課標準額 901 万円超	252,600 円+ (医療費総額−842,000 円) × 1%	140,100 円
	イ	賦課標準額 600 万円超〜901 万円以下	167,400 円+ (医療費総額−558,000 円) × 1%	93,000 円
	ウ	賦課標準額 210 万円超〜600 万円以下	80,100 円+ (医療費総額−267,000 円) × 1%	44,400 円
	エ	賦課標準額 210 万円以下	57,600 円	44,400 円
住民税 非課税 世帯	オ	住民税 非課税世帯	35,400 円	24,600 円

※賦課標準額=「旧ただし書所得」=「前年の総所得金額等−基礎控除額 (43 万
　円)」、基礎控除限度額は住民税 43 万円、所得税 48 万円。
※「4 回目以降の限度額」とは、過去 1 年間に 4 回以上高額療養費を受けた場合。
※住民税非課税世帯とは、世帯主と世帯の国保加入者全員が住民税非課税。世帯主
　の国保加入有無は関係なし。
出所：杉並区「国保のてびき令和 6 年度版」より

　ぼやきを一言。2 つの図表の所得区分の部分を見比べると、「70 歳未
満」の図表は「賦課標準額」つまりは「所得 − 43 万円」なのに、「70
歳以上 75 歳未満」の図表は「課税所得」になっています。なぜ、「所得
区分」の基準が異なるのか。過去からの経緯なんでしょうね。

　大切なことを二つ。
●所得税の確定申告をしていない、住民税の申告もしていないと、
　役所としては、その人の収入・所得が不明となります。この場合、
　一番上のランクで計算されます。ビックリさせて、申告させるた
　めです。
●図表のように、「住民税課税世帯」と「住民税非課税世帯」の差は、

巨大である、ということです。なにかにつけて、この差は重要です。

　なお、75 歳以上は全員が後期高齢者医療制度に加入します。自己負担限度額は「70 歳以上 75 歳未満」の図表の「一般」の部分が、「一般Ⅱ」と「一般Ⅰ」に分割されました。他の部分は同じです。

図表 3-13-2　70 歳以上 75 歳未満の人の自己負担限度額 (令和 6 年 4 月 1 日時点)

所得区分		自己負担限度額	
		外来 （個人単位）	外来+入院 （世帯単位）
住民税課税世帯	現役並み所得Ⅲ （課税所得 690 万円以上）	252,600 円+ （医療費総額− 842,000 円） ×1% 【140,100 円】	
	現役並み所得Ⅱ （課税所得 380 万円以上 690 万円未満）	167,400 円+ （医療費総額− 558,000 円） ×1% 【93,000 円】	
	現役並み所得Ⅰ （課税所得 145 万円以上 380 万円未満）	80,100 円+ （医療費総額− 267,000 円） ×1% 【44,400 円】	
	一般	18,000 円 （年間上限 144,000 円）	57,600 円 【44,400 円】
住民税非課税世帯	低所得Ⅱ	8,000 円	24,600 円
	低所得Ⅰ		15,000 円

※低所得Ⅰは、世帯主と世帯の国保加入者全員が住民税非課税で、各自の年金収入が 80 万円以下。
※【 】の数字は、過去 1 年間に 4 回以上高額療養費を受けたときの 4 回目以降の自己負担限度額。
出所：杉並区「国保のてびき令和 6 年度版」より

単純モデルで考えました、魔法のようなメリット

【2 人世帯の場合】

　母 72 歳の収入は、老齢基礎年金 75 万円です。息子 40 歳はフリーラ

図表3-13-3　75歳以上の後期高齢者の自己負担限度額（令和6年4月1日
時点）

負担割合	所得区分		自己負担限度額	
			外来（個人単位）	外来+入院（世帯単位）
3割	課税世帯	現役並み所得Ⅲ	70歳以上と同じ	
		現役並み所得Ⅱ	70歳以上と同じ	
		現役並み所得Ⅰ	70歳以上と同じ	
2割		一般Ⅱ	6,000円+（医療費−30,000円）×10%　または18,000円の低い方【144,000円】	57,600円【44,400円】
1割		一般Ⅰ	18,000円（年間上限144,000円）	57,600円【44,400円】
	住民税非課税世帯	低所得Ⅱ	70歳以上と同じ	70歳以上と同じ
		低所得Ⅰ		70歳以上と同じ

出所：「後期高齢者医療制度杉並区ガイドブック令和6・7年度版」より

ンスで、年所得500万円です。そして2人世帯です。2人は、（市町村）
国保に加入しています。

　母が重病で入院しました。医療費総額が1カ月80万円でした。自己
負担限度額は、図表の「70歳以上75歳未満」の「現役並み所得Ⅱ」で
計算します。

$$167,400+（800,000−558,000）×1\%=169,820 円$$

　自己負担限度額は、16万9820円です。

【世帯分離してあった場合】

　母72歳は単身世帯です。年金75万円だけです。「低所得Ⅰ」にラン
クされますので、医療費の自己負担限度額は、8,000円です。ギョ、ギ
ョ、ギョ、16万9820円が8,000円になります。

それだけではありません。入院中の食事代も減少します。1 カ月（30日）の計算をしました。

世帯分離前は、490 円× 30 × 3 = 44,100 円
世帯分離後は、110 円× 30 × 3 ＝ 9,900 円

ということで、メリットが発生します。
なんかもう、魔法みたいですね。
魔法の呪文は、「世帯分離」と「住民税非課税世帯」です。

図表 3-13-4　入院中の食事代（令和 6 年 6 月 1 日から）

入院日数等		食事代（1 食）
住民税課税世帯		490 円
住民税 非課税 世帯	過去 1 年間の入院が 90 日まで	230 円
	過去 1 年間の入院が 91 日目以降の申請日から	180 円
	70 歳以上で低所得Iの人	110 円

第4章

健康第一

Q⁴⁻¹

要介護にならない秘訣は何ですか？

Answer

健康が一番。健康の4大秘訣は、①栄養のバランス、②適度な運動、③社会活動、④口腔ケア、この4つです。

七仏通誡偈

健康の4大秘訣とは……。

「そんなこと知ってるよ、秘策を知りたいのよ」という声が聞こえてきます。でも、「3歳の童子これ（道）を知れども、80歳の老人も行い得ず」ということじゃないかな……。

この言葉に関して、北宋時代に編纂された『景徳伝灯録』にある話を紹介します。この書籍は禅宗の灯史（禅宗の歴史書）で、約千人の禅僧が登場し、全30巻です。その巻4に、鳥窠道林と白居易（＝白楽天、772〜846）のエピソードがあります。言うまでもなく、白居易は李白や杜甫と並ぶ唐時代の詩人です。

白居易が杭州の長官として赴任した。その地で、松の木の上で座禅をしている禅僧がいることを知った。まるで、鳥の巣で座禅をしているようだ、というので「鳥窠（巣）禅師」と呼ばれていた。そんな人物がいるなら、誰だって好奇心がわき会ってみたいと思う。白居易も会うべく出かけた。そして、松の木の上で座禅をしている禅師を見上げて、尋ねた。

「木の上で座禅をするなんて、危険ではありませんか」

禅師は、それに対して応えた。

「私には、あなたの方が、よほど危険に見えます。あなたには、煩悩の火が燃えあがっています。なんと危険なことか」

禅師は白居易の心の汚れを指摘したのでした。

白居易は自分のことは、さておいて、再び、尋ねた。

「仏教の真髄は何か」

禅師は

諸悪莫作（しょあくまくさ）…もろもろの悪を作ることを莫（な）くし

衆善奉行（しゅぜんぶぎょう）…もろもろの善を行い

自浄其意（じじょうごい）…自ら其の意（こころ）を浄くする

是諸仏教（ぜしょぶっきょう）…是が諸々の仏の教えです

と答えた。

要するに、「悪をしない、善を行う、自分の心を浄く（清く）する、それが仏教です」ということです。

白居易は、それを聞いて、反論した。

「そんなことは、3歳の童子でも知っていますよ。そんな事より仏教の真髄を尋ねているのです」

すかさず、禅師は応えた。

「三歳孩児雖道得　八十老翁行不得」（3歳の童子といえども道を知る、80歳の老人も行い得ず）

白居易は禅師のこの言葉を聞いて、自分の不明を悟り、禅師に深々と拝礼して帰っていきました。

若干の解説を、「諸悪莫作、衆善奉行、自浄其意、是諸仏教」は、「七仏通誡偈（しちぶつつうかいげ）」と呼ばれるものです。釈迦以前にも6人の人物が釈迦同様の悟りを得た。ただし、広まらなかった。6人の仏と釈迦の計7人を「過去七仏」といい、「七仏通誡偈」とは七仏が説いた教えをまとめた偈（げ）（仏教の教えを韻文で表したもの）です。禅宗や上座部仏教で重んじられています。

そして、それに関連して、「三歳孩児雖道得　八十老翁行不得」も、よく使用されます。

秘策はあるのか

①栄養のバランスに関して。「太り過ぎ」「食べ過ぎ」「腹八分」「間食をしない」「寝る前は食べない」「野菜をもっと食べよう、とりわけブロッコリーがいい」「とりわけトマトがいい」「柿がいい」「納豆がいい」「ネバネバ系野菜の長芋、自然薯、里芋、オクラ、明日葉など」「塩、脂を控えめに」「砂糖は極力控えめに」「海草、貝がいい」「鰯など小魚がいい」「毎日、15種類以上の食材を」……。

②適度な運動に関して。「1日1万歩」「5千歩でもいい」「ジョギング」「ラジオ体操」「ヨガ体操」「太極拳体操」「呼吸法」「腰痛・膝痛に対応する簡単運動」「睡眠法」「早寝早起き」「乾布摩擦」（寒風摩擦ではない）「歌を歌う（カラオケもＯＫ）」「過激な運動はさける」……。

③社会活動。「労働」「ボランティア活動（奉仕活動)」「趣味活動」など、何でもいいから人間関係のある活動。人間関係は頭の活性化でもある。

　　家でぼんやり長時間テレビを見ている、これでは身体がなまるので一人黙々と散歩する……これには社会活動が抜けています。

④口腔ケア。「歯磨き」「唾液を出す」「大声を出す（歌を歌う)」「パ・タ・カ・ラと大声を出す」……。口は脳に近く、脳への刺激にもなる。

　人々は、これらを、ほとんど知っています。しかし、実行していません。

自然治癒力

　秘策らしい健康法を、一応、書いておきます。人間には「自然治癒力」が備わっている。この「自然治癒力」を意識する。自然体で身体を置く。静かにしていると、どこかを動かしたくなる。自然治癒力が作用して、「その部分を動かして、なんとか直そう」としているのだ。自然

のまま、動くにまかせるのだが、若干意識して回転を加える。そうしていると、次第に遠心力が加わって、すごいスピードになっていく。そうこうしていると、別の部分が突然動いたり、延ばしたり曲げたり……と展開する。そんなことが20分、30分と続く。くたびれたら、深呼吸して止める。他人が見ていると、「奇妙」「狐がついた」と思われるので、1人でやった方がいいです。

「自然治癒力」は運動だけでなく、食べ物に関してもあります。「うまい、おいしい」ではなく、「本当は、何が食べたいのか」を思う。「最近、海草を食べていないなぁ〜」とか思ったら、それは身体が求めている食材だ。人類誕生以来数十万年、人類が生存できたのは、海岸で貝や海草を拾って食べることを知ったからという説があるようだ。ほとんどの人々は漁村から遠ざかってしまった。古い漁村イメージの食材が不足している人が多いと思われる。なお、「古い漁村」には、マグロなんてありませんから。

　まあ、「自然治癒力」なんて微妙なことは、さておいて、「三歳孩児雛道得　八十老翁行不得」（3歳の童子といえども道を知る、80歳の老人も行い得ず）ということです。だから、気づいた良いことを、行ってください。

健康法の秘訣は、そんなことですが、「行政」について言えば、「複雑」すぎて「3歳の童子どころか80歳の老人も分からず」というレベルです。したがって、選挙になれば、難しいことを言っても不人気になるので、「虚偽、捏造、バラマキ、批判」と「イメージ」ばかりとなります。「複雑」の解消が必要なのだが、「ますます複雑」となり、それを放置して、「複雑」を覆い隠すようにＩＴ、ＤＸ、ＡＩの推進となっています。

コラム　地方活性化の秘策

　誰も言わない秘策があります。超高収入者の誘致です。

　地方の市町村は、企業誘致のため、法人住民税、固定資産税などの減額・免除をします。同じようなことを地方活性化のために実施します。地方のＡ市には、市民税年間１億円超の市民がいない、と仮定します。それで、新条例で「市民税年間１億円を上限」と決める。東京で、市民税（又は区民税）を数億円納税している超高額所得者は、Ａ市に住民票を移します。そんな人が、数人出現すれば、Ａ市は数億円の丸儲けです。その金をＡ市の活性化に生かす。条例１本つくるだけです。

　市民税は１月１日の住民票の住所地に収めます。2024年中に、株等で大儲けしたら、年末にＡ市へ移転し、2025年１月１日はＡ市の住民になります。本人は数億円の市民税が減少し、Ａ市は１億円の市民税アップです。

　「超金持ち優遇策」という声が出るかも知れませんが、そもそもＡ市には市民税１億円以上の人はいませんから、既存のＡ市住民の公平性には関係ありません。

　そんなことより、国際化の時代ですから、超金持ちは税金の安い外国へ転出する事態が発生します。参議院議員になった某氏は、日本と外国を行き来していて、１月１日は日本に住民票がないから、住民税を払っていないと、報道されていました。某氏だけでなく、別の参議院議員も疑われていました。参議院議員だけでなく、超金持ち民間人の海外流出は、現にあるようです。

　地方税法６条は「不均一課税」の条文です。この条文が根拠となります。

　住民税の不均一課税では、石原慎太郎の第２回目の都知事選挙が思い出されます。最大公約は、生活保護基準以下の低所得者の都民税をゼロにするというものでした。しかし、当選の数カ月後、減税額の数倍規模の低所得者対策をする、ということで、都民税の不均一課税は実施されませんでした。とにかく、「住民税の不均一課税は可能」なのであります。

　住民票を移すことは簡単ですが、本当に住んでいるのか、という問題があります。

　東京には、地方に選挙区がある有力代議士が大勢住んでいます。住民票は東京ではなく地方にあります。単純に言えば、二重生活ですが、ほとんど東京暮らしです。選挙区へは、時々行くだけです。住民票は地方なので、納税は地方です。約30年前、それが問題になりました。そうしたら、すかさず、「東京では、均等割額を支払う（均等割は二重払い）」ということで、落ち着きました。

　人生いろいろです。基本は１月１日の住民票です。

第 5 章

介護保険

Q5-1

親の介護が心配で、どうしたらいいか不安です。どこへ相談すればよいですか？

Answer

とりあえず、市（区）町村の地域包括支援センターで相談しましょう。

地域包括支援センターとは

「地域包括支援センター」は、地域に住む高齢者の生活をサポートするための相談・支援窓口です。場所が分からなければ、市（区）町村で尋ねてください。おおよそ、中学校区に１カ所あります。簡単なことなら、電話だけですみます。相談だけなら無料です。

相談内容の具体的事例を列記します。

・健康維持のため、体操をしている所があれば参加したい。

・近所の高齢者の様子がおかしい。

・親の介護のため、最初にすべき手続きは何か。

・介護サービスの種類を教えてほしい。

・介護申請をしたいが、どうしたら良いか分からない。一人暮らしで、体調が悪く、出かけられない。手伝ってほしい。

・一人暮らしで、全般的に今後が不安です。

・介護保険以外のサービスを教えてほしい。

・介護保険のパンフレットを見てもよく分からない。解説してください。

など、高齢者に関連することなら、どんなことでもＯＫです。

介護保険を中心とする介護体制を知らないまま、民間の有料老人ホームに入所して、数年後、毎月の費用の支払いに困難になった人がいま

した。

　親戚が介護してくれると言うので、そこへ身を寄せたら財産を取られてしまった。

　何も分からずに自分一人の判断で行動を起こすと、悲惨なことが発生しやすいので、とにかく相談してください。

　　「高齢者は徹底的に親切にすれば絶対に騙せる」

　詐欺師のターゲットは、高齢者と障害者です。

　1980年代に豊田商事事件が発生しました。この事件は、「高齢者は徹底的に親切にすれば絶対に騙せる」をベースに、全国で数万人の被害者、被害総額は約2000億円にのぼりました。豊田商事事件は終わりましたが、この時の「高齢者は徹底的に親切にすれば絶対に騙せる」は、その後の詐欺師の秘密ノウハウになりました。用心、用心、ご用心。

Q⁵⁻²

65 歳以上です。介護保険料を安くできませんか？

Answer

世帯分離で住民税非課税世帯になれば、安くなるケースがあります。

介護保険料…65 歳以上（第1号被保険者）の保険料段階表

介護保険料は、第1号と第2号で、まったく異なる仕組みになっています。

☆第1号被保険者（65 歳以上）…図表 5-2-1 のような保険料段階表が市（区）町村ごとに決まっています。

☆第2号被保険者（40 歳〜 64 歳）…公的医療保険ごとに保険料計算が決まっています。医療保険料と合わせて納入します。

第2号被保険者（40 歳〜 64 歳）の介護保険料を安くする方法とは、医療保険の保険料を安くすることと同じです。自分の医療保険を安くする方法がないか、工夫して下さい。

第1号被保険者（65 歳以上）の保険料段階表を眺めると、「世帯全員・本人」「住民税非課税・住民税課税」という用語が決定的な意味を持っていると感じます。

世帯分離の単純モデル…6万5千円が2万2千円に

【2 人世帯の場合】

母 72 歳の収入は、老齢基礎年金 75 万円です。息子 40 歳は年所得 500 万円です。そして2人世帯です。

母 72 歳の保険料段階表は、「第4段階」です。

それが、母と息子が世帯分離されてあれば、母は単身世帯で「世帯

116

全員が住民税非課税」となり、「第1段階」です。

世帯分離前…第4段階…月額 5,440 円（年額 65,280 円）

世帯分離後…第1段階…月額 1,830 円（年額 21,960 円）

ということで、このモデルの場合は、世帯分離で保険料が安くなります。

なお、同居夫婦の世帯分離は基本的にできません。

図表 5-2-1　第2号被保険者（65 歳以上の保険料段階表）（杉並区・令和6年度～8年度）

段　階	対　象　者		料 率	月　額	年　額
第1段階	生活保護受給の方		0.285	1,830 円	21,960 円
	世帯全員が住民税非課税	本人が老齢福祉年金受給の方			
		本人の合計所得金額と課税年金収入額の合計が 80 万円以下の方			
第2段階		本人の合計所得金額と課税年金収入額の合計が 80 万円を超え、120 万円以下の方	0.4	2,560 円	30,720 円
第3段階		本人の合計所得金額と課税年金収入額の合計が 120 万円を超える方	0.685	4,390 円	52,680 円
第4段階	本人が住民税非課税で世帯に住民税課税者がいる	本人の合計所得金額と課税年金収入額の合計が 80 万円以下の方	0.85	5,440 円	65,280 円
第5段階		本人の合計所得金額と課税年金収入額の合計が 80 万円を超える方	基準月額	6,400 円	76,800 円
第6段階	本人が住民税課税	合計所得金額 125 万円未満	1.06	6,790 円	81,480 円
第7段階		合計所得金額 125 万円以上 210 万円未満	1.19	7,620 円	91,440 円
第8段階		合計所得金額 210 万円以上 320 万円未満	1.4	8,960 円	107,520 円
第9段階		合計所得金額 320 万円以上 500 万円未満	1.61	10,310 円	123,720 円
第10段階		合計所得金額 500 万円以上 700 万円未満	1.89	12,100 円	145,200 円
第11段階		合計所得金額 700 万円以上 1,000 万円未満	2.2	14,080 円	168,960 円
第12段階		合計所得金額 1,000 万円以上 1,500 万円未満	2.5	16,000 円	192,000 円
第13段階		合計所得金額 1,500 万円以上 2,500 万円未満	2.7	17,280 円	207,360 円

第5章　介護保険　117

第 14 段階	本人が住民税課税	合計所得金額 2,500 万円以上 3,500 万円未満	3.0	19,200 円	230,400 円
第 15 段階		合計所得金額 3,500 万円以上 4,500 万円未満	3.2	20,480 円	245,760 円
第 16 段階		合計所得金額 4,500 万円以上 5,500 万円未満	3.4	21,760 円	261,120 円
第 17 段階		合計所得金額 5,500 万円以上	3.6	23,040 円	276,480 円

- 各保険料月額は、基準月額に料率を掛けています（10 円未満の端数を切り上げ）。保険料年額は保険料月額の 12 カ月分です。
- 老齢福祉年金とは、明治 44 年以前に生まれた方などで、他の年金を受給できない方等に支給される年金です。
- 課税年金とは、住民税がかからない年金（障害年金・遺族年金や恩給）を除いた、老齢年金・退職年金等をさします。
- 保険料判定に使われる「合計所得金額」とは、以下のとおりです。
  - 年金や給与、譲渡などの各所得金額の合計で、医療費控除や扶養控除などの所得控除を引く前の金額をさします。また、繰越損失がある場合は繰越控除前の金額をいいます（合計金額がマイナスの場合は 0 とみなします）。
  - 短期・長期譲渡所得金額がある場合は、特別控除の金額を差し引いた額になります（控除後の額が 0 円を下回る場合は、合計所得金額を 0 円とする）。
  - 第 1 段階から第 5 段階の合計所得金額は、年金収入に係る雑所得を差し引いた額になります。なお、合計所得金額に給与所得が含まれている場合は当該給与所得金額（給与所得と年金所得の双方を有する方に対する所得金額調整控除の適用を受けている方は、所得金額調整控除適用前の金額）から 10 万円を控除します。（控除後の額が 0 円を下回る場合は、0 円とする）
  ※税制改正（令和 2 年分以後の所得税等について適用）に伴う、住民税課税者への令和 3 ～ 5 年度の特例措置（合計所得金額に給与所得又は公的年金等に係る所得が含まれている場合に当該給与所得及び公的年金等に係る所得の合計額から 10 万円を控除）は終了しました。
  ※保険料計算の世帯は、その年度の 4 月 1 日の住民基本台帳です。

Q⁵⁻³

介護保険料の減免は、どんなケースですか？

Answer

特別の理由のある者は減免されます。特別の理由は、市町村によってかなり異なります。

介護保険法第 142 条

介護保険法 142 条は、保険料の減免と保険料の徴収猶予です。

（保険料の減免等）

第百四十二条　市町村は、条例で定めるところにより、特別の理由がある者に対し、保険料を減免し、又はその徴収を猶予することができる。

条例で定めることになっているので、市町村によって差があります。

なお、最近では、国の方針で、すべての市町村で新型コロナの場合の保険料減免、保険料徴収猶予の条例がつくられました。ただし、すでに新型コロナ減免等は終了しました。

また、多くの市町村では、2024 年（令和 6 年）1 月 1 日の能登半島地震の避難民に対して、介護保険料の減免をしました。それは良いのですが、どこの市町村と名前はあげませんが、減免期間がたったの 3 カ月間だけ、というところもあります。何を考えているのやら……。

減免制度の一般論

住民税でも、国民健康保険料、後期高齢者医療制度保険料、介護保険料でも、住民が負担する税金・保険料は、「高所得者は高負担、低所

得者は低負担」となっています。しかし、突然の災害、突然の失業など
の場合、負担できなくなってしまいます。抽象的に、「特別の場合」「特
別の理由」というわけです。

　「とても困った時に、払え、払え」と言われ続けると、ノイローゼに
なってしまいます。そこで、市町村は「減免制度」をつくって、救済し
てください、というわけです。昔の悪代官になってはいけない、という
ことです。

　大阪市のように、しっかりした減免制度をつくっている市町村もあ
れば、ちゃらんぽらん（いいかげん）な市町村もあります。

　一般的原則は、①急に収入が大幅に減少、②急に失業、③急に重病、
重症、④急な災害で大損害というケースが想定されますが、多くの市町
村では、「減免制度」＝④、という感覚で、ほとんど活用されていません。
年間活用実績が数件という有様です。要するに、ちゃらんぽらん（いい
かげん）な市区町村が、とても多いようです。

　大阪市の介護保険料の減免及び軽減について

　大阪市以外にも、しっかりした減免制度をつくっている市町村があ
ります。たとえば、奈良市です。奈良市についてはＨＰを見てください、
ということで省略します。簡潔に、大阪市の介護保険料の減免制度を紹
介しておきます。ちゃらんぽらん（いいかげん）な市区町村は、見習っ
てほしいものです。

　◎災害減免

（対象となる方）

　震災・風水害・火災等の災害により受けた損害の程度が３割以上の方

（減免内容）

　損害の程度と世帯の前年中の合計所得金額に応じて免除期間を決定
します。ただし、前年中の合計所得金額が 1,000 万円を超える世帯には
適用しません。

図表 5-3-1　免除期間

損害の程度	第 1 号被保険者の属する世帯の前年中の合計所得金額		
	500 万円以下	500 万円超 750 万円以下	750 万円超 1,000 万円以下
7 割以上	12 カ月	12 カ月	8 カ月
5 割以上 7 割未満	12 カ月	8 カ月	4 カ月
3 割以上 5 割未満	8 カ月	4 カ月	2 カ月

出所・大阪市ＨＰ

（必要なもの）
・り災証明書の損害割合（損害の程度）が確認できるもの
・介護保険料減免申請書
・介護保険被保険者証
・本人のマイナンバー確認書類
・本人確認書類（パスポート、運転免許証等）

◎**所得減少軽減**

（対象となる方）
　第 1 号被保険者の属する世帯について、次のいずれかの理由によって、収入が著しく減少した（市町村民税均等割非課税相当所得以下となることが見込まれる）方
　＜理由＞
・死亡、心身に重大な障がい、若しくは長期間の入院。
　※ただし、世帯分離や転出により世帯の収入が減少することは、理由として認められません。
・事業又は業務の休廃止、事業における著しい損失、失業等

（軽減内容）
所得減少後に相当する保険料段階の保険料に軽減します。

第 5 章　介護保険　121

（必要なもの）

・世帯全員の収入が確認できる資料（年金振込通知書、源泉徴収票、給与明細書等）
・収入は著しく減少したことが確認できる資料（退職証明書、離職票等）
・介護保険料減免申請書
・収入等申告書
・介護保険被保険者証
・本人のマイナンバー確認書類
・本人の確認書類（パスポート、運転免許証等）

◎給付制限減免

（対象となる方）

　　　介護保険法第63条に該当する者。63条の内容は、刑事施設、労役場などに拘禁された者です。労役場とは、罰金・科料が納入できない者に対して、刑事施設に附置されている労働の場です。

（減免内容）記載省略

（必要なもの）記載省略

◎生活困窮者軽減

（対象となる方）

1　世帯の年収が次の額以下であること。

　1人世帯：150万円、2人世帯：198万円、3人世帯246万円（以降、世帯人員が1人増えるごとに48万円を加算した額）

　※年間収入については、遺族年金・障がい年金、仕送りなどあらゆる収入が含まれます。また、介護保険料や介護サービス利用料などが控除できます。

2　扶養控除を受けていないこと。

　※他の世帯に属する人の所得税又は住民税の供養控除の対象になっていないこと。

※他の世帯に属する人の医療保険の被扶養者になっていないこと。

3　活用できる資産を有しないこと。

　※預貯金、国債等が1人世帯で350万円（世帯員が1人増えるごとに100万円を加算）を超えていないこと。

　※世帯単位で、自己の居住用以外に処分可能な土地または家屋を所有していないこと。

4　介護保険料を滞納していないこと。

（軽減内容）

　消費税の引上げに伴い実施している、公費による保険料軽減強化を行う前の第4段階保険料（76,582円）の2分の1に軽減します。

　なお、令和2年度より、保険料段階第1段階・第2段階の方につきましては、公費による保険料軽減強化により、保険料額が生活困窮者軽減適用後の金額を下回ることになりますので、生活困窮者軽減適用の対象外となっています。

（必要なもの）記載省略

　再度強調します

　繰り返し述べますが、住民税、国民健康保険料、後期高齢者医療制度保険料、介護保険料には、突然に襲来する不幸に対して「減免制度」があります。しかし、多くの市区町村では、ちゃらんぽらん（いいかげん）な制度となっています。大阪市を見習って、しっかりした制度に作り直す必要があります。利用したくても利用できないからです。

Q5-4

介護サービス費、安くならないでしょうか？

Answer

ケースによっては、世帯分離で安くなります。

負担上限額・高額介護サービス費

介護保険は毎月保険料を支払います。介護サービスを受ければ、図表5-4-1のように費用の1～3割を支払います。それと、介護保険は利用できる金額に限度（図表5-4-2）が設定されています。限度内ならば、1～3割の負担ですが、限度を超えれば、超えた分は10割負担となります。

さて、負担割合が1～3割といっても、積もれば高額になります。それで、図表5-4-3のように「負担上限額」（月額）が設定されていて、申請により超えた分が後から戻ってきます。

なお、**勘違いで多いのは、この「負担上限額」についてです。これは、あくまでも、「介護保険内のサービス費用」の話です。**たとえば、デイサービスの利用の場合、

　　[サービス費用の1～3割（介護保険内）] ＋ [昼食代（介護保険外）]
　　＋ [日常生活費（介護保険外）]

となっています。「負担上限額」は [サービス費用の1～3割（介護保険内）] だけの話です。

世帯分離によって負担上限額が減少

単純なモデル（2人世帯）で考えてみます。

母72歳の収入は、老齢基礎年金75万円です。息子40歳は課税所得500万円です。そして2人世帯です。

　2人世帯ですと、図表5-4-3のとおり負担上限額（月額）は「93,000円」です。

　それが、世帯分離して、母一人の「単身世帯」になっていれば、「15,000円」となります。

　世帯分離前…月額93,000円
　世帯分離後…月額15,000円

　ということで、このモデルの場合は、世帯分離で負担上限額が安くなります。

他にも負担軽減策があります
①高額医療・高額介護合算制度

　1年間（8月〜翌年7月末）に支払った、介護保険と医療保険の自己負担合計額が一定以上ですと、申請により戻ってきます。該当者は、医療保険者から申請書が届きます。

　高額医療・高額介護合算制度の「世帯の負担限度額（年額）」の図表は記載を省略しますが、世帯分離によってメリットが生じるケースがあります。

②おむつの支給

　ほとんどの市（区）町村で実施されていますが、内容は差があります。

③市（区）町村では独自の「生活困難者へ利用者負担額」の軽減をしています。

　内容、方法は、市（区）町村によって、かなり異なります。一般

論ですが、自治体の財政力の強弱で相当格差があると推測しますが、それを調査したデータを知りません。

④世帯の中で施設サービスを受けている高齢者がいて、その費用を他の世帯員が負担しているため生活費が不足する場合は、施設への滞在費・食費が減額される場合があります。

⑤利用者負担額の減免制度

　災害、病気、失業などで、一時的に収入が減少した場合、「減免制度」があります。介護保険料の減免制度と同じように、市（区）町村によって、基準などがバラバラで、ちゃらんぽらん（いいかげん）な現状です。災害の時だけは、市（区）町村は熱心にPRします。

⑥家族への支援

　認知症にたいする見守りネットワークつくり、GPSなどの活用、家族への慰労金贈呈など…市（区）町村によって、まちまちです。

⑦障害者、難病患者が要介護になった場合、助成があることが多いです。

　施設を利用した場合の食費・居住費（滞在費）の負担限度額

これは、金額がとても大きく、上手に利用しないと、地獄に落ちます。重要なので、次の「Q」「A」で説明します。

図表 5-4-1　利用者負担の割合

65歳以上	本人が住民税課税	本人の合計所得金額が220万円以上	65歳以上の人数と所得で分かれる	3割負担
				2割負担
				1割負担
		本人の合計所得金額が160万円以上220万円未満	65歳以上の人数と所得で分かれる	2割負担
				1割負担
		本人の合計所得金額が160万円未満		1割負担
	本人が住民税非課税			1割負担
65歳未満				1割負担

出所：杉並区「令和4年度介護保険利用者ガイドブック」より

図表 5-4-2　居宅サービスの支給限度額

要介護状態区分	1カ月の支給限度額
要支援1	約　50,320円
要支援2	約 105,310円
要介護1	約 167,650円
要介護2	約 197,050円
要介護3	約 270,480円
要介護4	約 309,380円
要介護5	約 362,170円

※地域によって金額は異なります。
出所：杉並区「令和4年度介護保険利用者ガイドブック」より

図表 5-4-3　介護保険の負担上限額 (月額)

所得区分		負担上限額 (月額)	
住民税課税	課税所得690万円以上	世帯	140,100円
	課税所得380万円以上690万円未満	世帯	93,000円
	課税所得が380万円未満	世帯	44,400円
住民税非課税世帯	世帯の全員が住民税非課税	世帯	24,600円
	○合計所得金額と課税年金収入額の合計が80万円以下の人	世帯	24,600円
	○老齢福祉年金を受給している人	個人	15,000円
生活保護を受給している人		個人	15,000円

出所：杉並区「令和4年度介護保険利用者ガイドブック」より

Q5-5

特別養護老人ホーム（特養）の費用を安くする方法
はありますか？

Answer

ケースによっては、ドカッと安くなり、ビックリし
ます。

ポイントは居住費と食費

あらかじめ一言。

パズルのような話ですから、じっくり・ゆっくり読んでください。と
にかく、ビックリの巨額なお金が浮いてくるのです。お楽しみに。

特別養護老人ホーム（特養）の費用は、次のようになっています。

図表 5-5-1　特養の費用のイメージ

介護保険内		介護保険外		介護保険外		介護保険外
自己負担割合が１割の 場合２万円～３万円	+	居住費	+	食費	+	日常生活費

重要なことは、介護保険外（介護サービス費外）の「居住費」と「食費」
です。面倒臭い話ですが、「居住費」と「食費」は介護サービス費では
ないのですが、「低所得者」に対しては一定部分が介護保険から給付さ
れて、「居住費」と「食費」が安くなります。これを「特定入所者介護
サービス費」と言います。手続き的には、市（区）町村で「介護保険負
担限度額認定証」をもらってください。遡っては安くなりませんから。

焦点の「低所得者」とは、どんなレベルか、ということです。

低所得者は４段階に分類

所得要件の大前提は「住民税非課税世帯」という点です。例えば、3

人世帯でA氏は非課税者、B氏も非課税者、C氏は課税者という世帯は、「課税世帯」です。3人とも非課税でないと「非課税世帯」にはなりません。とにかく、図表5-5-2を眺めてください。

図表5-5-2　居住費と食費が安くなる低所得者の4段階

負担段階	所得要件	資産要件 （預貯金等）
第1段階	☆生活保護受給 ☆住民税非課税世帯で老齢福祉年金受給	単身：1000万以下 夫婦：2000万以下
第2段階	住民税非課税世帯で、本人の合計所得と課税年金収入と非課税年金の合計が80万円以下の人	単身：650万以下 夫婦：1650万以下
第3段階①	住民税非課税世帯で、本人の合計所得と課税年金収入と非課税年金の合計が80万円超120万円以下の人	単身：550万円以下 夫婦：1550万以下
第3段階②	住民税非課税世帯で、本人の合計所得と課税年金収入と非課税年金の合計が120万円超の人	単身：500万以下 夫婦：1500万以下

出所：杉並区「令和4年度介護保険利用者ガイドブック」より

どれだけ軽減されるのか

　特別養護老人ホーム（特養）の居住費と食費は、施設によって異なっていますが、厚労省が基準として示している金額は、図表5-5-3の「基準費用額」です。そして、低所得者（第1段階、第2段階、第3段階①、第3段階②）は、金額が低くなっています。

図表5-5-3　居住費と食費の負担限度額と基準費用額（1日あたり、円）

	居住費の負担限度額				食費の 負担限度額
	ユニット型 個室	ユニット型個 室的多床室	従来型個室	多床室	
第1段階	820	490	490 （320）	0	300
第2段階	820	490	490 （420）	370	390
第3段階①	1,310	1310	1,310 （820）	370	650
第3段階②	1,310	1310	1,310 （820）	370	1360
基準費用額	2,006	1,668	1,668 （1,171）	377 （855）	1,445

※（　）内の数字は、老健とショートステイの場合。
出所：杉並区「令和4年度介護保険利用者ガイドブック」より

近年の特養は「ユニット型個室」が大半なので、その「基準費用額」と「第2段階」の金額を比較してみます。

基準費用額　　居住費1日2,006円，

　　　　　　　　　　2,006円× 31日＝62,186円

　　　　　　　　　　2,006円 × 365日＝732,190円

　　　　　　食費1日1,445円

　　　　　　　　　　1,445円× 31日＝44,795円

　　　　　　　　　　1,445円× 365日＝527,425円

第2段階　　　居住費1日820円

　　　　　　　　　　820円× 31日＝25,420

　　　　　　　　　　820円× 365日＝299,300円

　　　　　　食費1日390円

　　　　　　　　　　390円× 31日＝12,090円

　　　　　　　　　　390円× 365日＝142,350円

図表5-5-4　ユニット型個室の居住費と食費の年間金額

	居住費（365日）	食費（365日）	居住費+食費
基準費用額	732,190円	527,425円	1,259,615円
第2段階	299,300円	142,350円	441,650円

出所：著者作成

　ということで、年間の差は、[1,259,615円 − 441,650円＝817,965円] となります。もしも、基準費用額の人が第2段階になれば、年間81万7965円が支払い減となります。

世帯分離で、ケースによっては可能

　単純な2人世帯モデルで考えてみます。母72歳の収入は、老齢基礎年金75万円だけです。息子は年間所得500万円です。母が特養に入居

しました。

　母は住民税非課税ですが、息子は住民税課税者です。つまり、この2人世帯は、住民税非課税ではありません。したがって、母の特養での居住費・食費は「基準費用額」で計算されます。

　それが、**世帯分離して、「母は単身世帯」**となると、**住民税非課税世帯となり、年金75万円だけなので「第2段階」になります。**

　したがって、前述の計算のように、年間81万7965円の支出減となります。

　なお、このケースは、介護保険料も年間約4万3000円安くなります。

　さらに、介護保険内の自己負担が負担上限額（高額介護サービス費）いっぱいの4万4400円の場合、それが1万5000円に減少します。月額2万9400円の減少、年間35万2800円の支払い減となります。

　よって、[81万7965円＋4万3000円＋35万2800円＝121万3765円]、実に、年間121万も支出減になります。

　まさか、まさかの「♬マサカリかついだ金太郎〜♬」であります。

　なお、以上は特養を念頭に述べましたが、特養以外の施設サービスおよびシュートステイでも似たようなものです。

世帯分離でのご注意①夫婦の場合

　老夫婦2人世帯の場合、たとえば、妻が住民税非課税、夫が住民税課税の場合、世帯分離をしても効果を生みません。世帯分離自体は、妻の住民票を特養に移せば、できますが、居住費・食費の負担軽減にはなりません。かつては、負担軽減になったのですが、2015年（平成27年）から、ダメになりました。あの時は、新聞にも、「毎月の支払が6万円も増えた」と高齢者の嘆き声を伝えていましたが、おそらく、大半の読者は「何のことやら、分からない」と思ったことでしょう。

世帯分離でのご注意②低所得世帯の場合

　世帯分離で効果があるのは、世帯の中に「中・高所得者と低所得者」

がいる**場合**です。この場合は抜群のメリットが生まれます。

　しかし、世帯の中が「低所得者（住民税非課税者）ばかり」だと、変なことになる可能性があります。

　たとえば、甲と乙は2人とも低所得で、2人世帯です。そして、住民税非課税世帯です。それが、世帯分離すると、

　Ａケース。甲は単身非課税世帯、乙も単身非課税世帯、となります。このケースは弊害がありません。

　Ｂケース。甲の収入金額によっては、甲は単身課税世帯、乙は単身非課税世帯、というケースが発生します。甲は住民税非課税の各種メリットが無くなってしまいます。

　したがって、低所得者ばかりの世帯が世帯分離する場合は、くれぐれも注意してください。

Q5-6

老人ホームは、どうなっていますか？

Answer

9種類あります。

介護保険の様々なサービス

●介護保険の介護サービス（介護給付）は

居住サービス…訪問サービス（訪問介護、訪問看護など）、通所サービス（デイサービス、デイケアなど）、短期入所サービス（ショートステイなど）、その他（住宅改修費支給、福祉用具購入費支給など）

施設サービス…特別養護老人ホーム、老人保健施設、療養型病床、介護医療院

地域密着型サービス…定期巡回・随時対応型訪問介護看護、夜間対応型訪問介護、認知症グループホームなど。

●介護予防サービス（予防給付）

介護の前段階、予防のサービスもあります。

●介護予防・生活支援サービス事業

イメージは、介護予防サービス（予防給付）のさらに前段階です。

サービスを受けるには

①要介護認定を受ける…「要介護1〜5」「要支援1〜2」「非該当」に分かれます。

②ケアマネに「ケアプラン」を作ってもらう。施設サービスの場合は、直接申込もOKです。

第5章　介護保険　133

施設サービスに注目

施設サービスには、特別養護老人ホーム、老人保健施設、療養型病床、介護医療院があります。

世間の会話では、「老人ホーム」という用語で、あれこれ話されていますが、ここで、「老人ホーム」なる施設の種類を大雑把に説明しておきます。

●民間施設

有料老人ホーム…税金投入がないので、費用が相当かかります。高額なので慎重に選んでください。それに、中身が大きく異なります。ですから、複数の人と相談してください。

☆有料老人ホームと称するには、次の４つサービスのうち、１つ以上を提供している施設です。①食事の提供、②介護（入浴・排泄・食事）の提供、③家事（洗濯・清掃等）の供与、④健康管理。

☆有料老人ホームの３分類

・介護付有料老人ホーム…介護が必要になった場合、ホームが提供する「特定施設入居者生活介護」の利用で、ホームの生活を継続できる。

・住居型有料老人ホーム…介護が必要になった場合、入居者はホーム外の介護サービス事業者と契約して、そのサービスを受けながらホームの生活を継続できる。

・健康型有料老人ホーム…介護が必要になった場合、契約解除となり退去しなければならない。

〔失敗例１〕年老いた母の介護が極めて大変なので、知識がないまま、有料老人ホームへ入居してもらった。数年後、毎月の支払で、やりくりが大変になった。

〔失敗例２〕アドバイザーの言に従って、自宅を売却して有料老人ホームに入居した。数年後、毎月の支払が不可能となり、特養へ移

った。アドバイザーの中には、変な人もいるものだ、と思ったものだ。

　なお、この人は円満に解約できたが、有料老人のもめ事で一番多いのは、解約にともなうトラブルです。

〔失敗例3〕かなり立派な有料老人ホームに移りました。でも、やはり住み慣れた自宅がいい、ということで、ホームと自宅を行ったり来たりしています。お金持ちなので、「売り切れてしまったら大変だ」という気持ちがあったということでした。

サービス付き高齢者向け住宅（サ高住）…基本的に「食事つき高齢者賃貸住宅」であって「老人ホーム」ではありません。「サービス」の内容は、常に「相談」できるということです。専門的には、「安否確認サービス」と「生活相談サービス」です。

　サ高住には、「一般型」と「介護型」があるが、「介護型」は数が少ない。「一般型」で、介護が必要な場合は、外部の介護事業者が行います。

　ということは、「一般型サ高住」と「住居型有料老人ホーム」は似たような施設となります。また、「介護型サ高住」と「介護型有料老人ホーム」も似た感じの施設となります。

　税金投入もあって、近年、増加しています。費用は有料老人ホームに比べ、初期費用が安いです。私の相談事例では、生活保護の人も入所しています。

グループホーム…認知症の人が5～9人でユニットをつくって共同生活をします。むろん、専門職員がいます。分類上は「地域密着型サービス」です。

●公的施設

養護老人ホーム…経済的に困窮している高齢者が対象です。私の相談

事例では、ＤＶ（ドメスティック・バイオレンス）を受けていた高齢女性が、無一文で家出をして養護老人ホームに入所しました。あるいは、ホームレスで養護老人ホームに入所したが、自由を求めて脱出した人もいました。

ケアハウス…「軽費老人ホーム」と呼ばれたりします。従来は、「軽費老人ホームＡ型・Ｂ型・都市型・ケアハウス」と４分類ありましたが、今は「ケアハウス」（一般型と介護型）に編成されつつあります。イメージは、「食事付き高齢者集合住宅」です。費用は、「軽費」ですから、割安です。割安ですから、交通が便利なケアハウスは満員です。

特別養護老人ホーム（特養）…原則は要介護３以上が対象者です。独り暮らし等の場合は、要介護２でも入居できます。なお、地方では、一早く高齢者人口も減少し、「特養の空き」が発生し、遠からず、原則の要介護３以上は撤廃される可能性が高いです。10〜20年前は、空きがなく、３〜５年の待機が当たり前でしたが、今は相当改善されました。

　現在、全国で50〜60万人が暮らしています。

老人保健施設（老健）…病院を退院してすぐに自宅に戻れない状態の場合、老健で数カ月入所します。リハビリなどをします。

療養型病床…長期の入院が必要な高齢者。

介護医療院…要介護で、かつ医療の必要性が高い高齢者。

なお、サ高住や老人保健施設、療養型病床、介護医療院は、老人ホームではないのですが、似たものとして、記載しておきました。

第6章

住居

Q⁶⁻¹

持ち家か賃貸か？

Answer

どちらとも言えません。

一長一短です。

政府は持ち家政策を取っています。マスコミの不動産・建築のＣＭもほとんどが、持ち家（マンションを含む）です。したがって、日本の雰囲気は、持ち家志向です。しかし、住宅ローンの破綻問題があります。転勤が多い会社もあります。

そうした現実的な問題もありますが、それぞれの人の性格もあります。農耕民族の定住指向遺伝子が濃厚な人もいれば、遊牧民族の移動指向遺伝子が強い人もいます。

一般論で議論しても、「答えの出ない」神学論争になります。

住宅ローン破綻

2010年（平成22年）頃までは、住宅ローン破綻は8％もありました。高金利時代に高い金利の住宅ローンを借りてしまい、それが原因になったのです。その後、ゼロ成長、低金利時代となり、住宅ローン破綻は3％で推移しています。破綻割合が3％に低下したと言っても、3％台とは、30人〜40人に1人が、破綻しているということです。

新型コロナ大流行にともなって、収入激減となり、住宅ローン苦の相談が激増しました。フラット35（長期固定金利住宅ローン）の返済条件変更相談は100倍以上となりました。新型コロナ終息が収入増に直結すれば、やれやれ一安心ですが、今後どうなりますか。

2024年（令和6年）夏は、「高金利時代に向かう」と盛んに報道されましたが、昔のような高金利時代になるとは思えません。1%の上昇とか、そんなものでしょう。

それよりも、心配なことは、ここ数年、東京圏では地価が異常上昇しました。当然、物件価格は上昇しました。そのため、年収に対して、多く借り過ぎた人が多いようです。**通常、年収の25%までが年間返済額です。**しかし、金融機関の審査が甘いためか、30%でも35%でも借りられてしまう。そうした人は、収入減に遭遇すると、大変です。

また、住宅ローンを組む人は、子育て、両親の介護など支出増が待ちかまえている人が、多くいます。さらに、近年は離婚増で、離婚＝支出増ということで、住宅ローン破綻に直結する人もいます。

あれやこれやで、住宅ローン破綻予備軍は、かなりの割合が想像されます。数字のマジックを用いれば、3分の1は、住宅ローン苦にあえぐようになる、という悪夢もあるようです。

経済予測は誰かが当たる

年末になると、経済評論家による、来年の経済はどうなるか、株価はどうなるか、という記事が登場します。A氏は「非常に良くなる」、B氏は「今年よりは、やや良くなる」、Cは「今年と大差なし」、D氏は「やや悪化する」、E氏は「大不況になる」というコメントが出ます。したがって、誰かが当たります。経済予測とは、そんなものです。したがって、住宅ローン破綻の増減も、どうなるか分かりません。

ただし、経済の波は確かです。何年周期かは、ともかくとして、好況・不況が循環します。山の次は谷があり、その次は山が来て、また谷がきます。住宅ローンは、30年、35年もあります。その間に、必ず、山もあれば谷もあります。未来は不確実です。

第6章　住居　　139

Q6-2

住宅ローン破綻が確実みたい。どうすべきですか？

Answer

相談、そして任意整理を

家計を見直す

住宅ローン返済が苦しくなれば、家計を見直すことは当然です。民間保険料、新聞、ＮＨＫ受信料、冠婚葬祭……あれやこれや。「酒・たばこを止めて節約を」とは思うが、「♬分かっちゃいるけど、止められねえ♬」ことが多いものだ。でも、所得税の節税など、公的負担は、ぜひ、考えてください。

返済条件変更相談

まだ滞納になっていない段階なら、金融機関に相談する。

①期間を限定して、返済額を減額してもらう、あるいは、返済猶予をしてもらう。

②返済期間を延長してもらう。

③金利が安いローンがあれば、借り換える。

ただし、漠然とした話はよろしくない。

ほぼ、確実な将来予測でないと、相談にならない。たとえば、

「病気で収入が減ってしまった。半年後には回復するが、余裕をもって８カ月後からは、今までどおり返済できる」

「４月から妻が働きにでます」

「社長の話では、半年後には会社の業績が回復ということなので、収入も回復します」

という感じです。

よくあるパターンで、

「返済できない。待ってくれませんか」

「いつまで待てばいいですか」

その時、なんらの根拠もなく、「年末まで。来年は」と言ってしまうことが多いようです。嘘をついてはいけません。分からないことは、「分かりません」と言ってください。

実際問題として、収入アップの見込みがないことも多いです。そうならば、それを前提に対策を考えなければなりません。

「単なる願望」と「ほぼ確実な将来予測」を混同してはいけません。半分ノイローゼになっていると、混同することが多いものです。さらに、高利貸に向かったり、ネズミ講など詐欺商法、ＳＮＳ詐欺にからまったりすることもよくあります。半分ノイローゼは、正常な判断能力が衰えていますから、くれぐれも用心してください。

任意売却の道

滞納が２回続くと、金融機関から「任意売却しませんか。さもないと、競売になりますよ」と深刻な連絡が来ます。実際問題として、滞納を４～６カ月続けると、競売になります。**通常、競売よりも任意売却の方が高く売れます。**

したがって、任意売却の道を選択します。

ここで「上手に任意売却をする」ということが、とても重要です。繰り返します。「上手に任意売却」です。

任意売却して、銀行に返済しても、残債務が残ります。

「任意売却→残債務処理」の部分は、当事者としては、悩み悩みのノイローゼ状態と言えます。

普通のパターンは、賃貸住居に引っ越し、家賃を払いながら残債務を払い続ける、ことになります。その結果、破産をせざるを得なくなるケースもあります。

第6章　住居　141

「上手に任意売却をする」とは、どういうことですか？

　親なり子なり信頼できる親戚に、銀行が納得する価格で売却する。そして、そのまま賃貸で住み続ける。売却価格が安ければ、賃借料も安くなります。売却価格が安いということは、残債務が大きくなるが、残債務は事実上「チャラ」にしてもらう。いわば、「ノウハウ」の部分です。本書の第9章「借金処理」をお読み下さい。詳しくは、『そうか！こうすれば借金・抵当権は消滅するのか（改訂版）』（太田哲二著、中央経済社刊）を参考にしてください。

個人版民事再生法「住宅ローン特則」の利用

　簡単に言えば、裁判所に申し立てして、返済を一時期猶予してもらって後回しにすることです。しかし、昔はともかく、「任意整理がとても進化」したので、現在では、銀行に返済条件変更相談すれば、同じことができます。だから、利用者は少ないと思います。

Q⁶⁻³

家賃が払えません。どうすればいいですか？

Answer

安い賃貸物件に転居せざるを得ません。

不動産賃貸業最大リスクは強制退去

　通常、3 カ月以上の家賃滞納で、裁判所は、契約解除・明け渡し請求を認めます。退去しないと、大家が裁判所に強制退去を求めれば、数カ月後には強制退去となります。

　私は、過去 3 回、強制退去の現場に立ち会いました。その一つですが、精神疾患の兄妹でした。2 人は一戸建てを借りていました。家賃滞納時期から、時々、相談に来るようになりました。相談内容は「宇宙人侵略」です。明らかに精神障害と分かるのですが、そんなことを認める気配は全くありません。福祉事務所の人も、他人に暴力・危害を与えるわけではないので強制的に精神病院へ入院させるわけにはいきません、ということで、空想漫画そっくりの話を時々、聞くだけでした。家賃滞納の件も、「安いところへ転居を」とアドバイスしても、「宇宙人の陰謀」を延々と話されるのでした。

　母親も同居していたのですが、母親は特別養護老人ホームに入居できました。

　精神疾患が伝染するとは、この事件で初めて知りました。兄が最初、幻想をともなう精神障害になり、毎日、その幻想を妹に話していると、いつの間にか、妹は洗脳されてしまったのです。少し変わったファッションの人とすれ違うと、自分達を迫害する宇宙人と信じるようになっていました。

第 6 章　住居　　143

そんなことで、とうとう強制執行の当日を迎えました。大型トラックが2〜3台来て、責任者が裁判所の書類を見せ、運び出す家財を一つ一つ書類に書いて、トラックに乗せます。運び出した家財は裁判所と契約している倉庫に保管され、数カ月以内に滞納者がお金を払えば、滞納者に戻さなければいけません。当日、2人はレンタカーを借りてきて、自分達が重要と思う荷物を入れていました。別段、泣き騒ぐ、抵抗する行動はありませんでした。「今晩からどうするの？」と尋ねたら、多摩のレンタルルームを借りる、ということでした。

強制退去の費用は、全部、大家さんの負担です。一戸建ての住居の強制退去費用は、通常の引っ越し屋ではなく、裁判所と直接契約の会社です。通常の引っ越し屋の費用よりも、かなり高くなります。一つ一つチェックして倉庫に保管して、あれやこれや余分の作業が加わりますから、高くつきます。一戸建てならば、150万円、200万円はかかるでしょう。大家さんにとっては大変な負担です。強制執行以前の裁判費用もかかっていますので、実際、大変な負担です。不動産賃貸事業の最大リスクです。

したがって、大家さんは、なんとか、裁判に持ち込まずに、それ以前に決着しようとします。よくあるパターンは、「滞納分の回収はあきらめる」というものです。さらには、「引っ越し代まで出す」という場合もあります。

さて、その後、2人はどうなったか。おそらく、お金もつきて、レンタルルームで騒動を起こし、精神病院へ強制入院となることでしょう。そこから、治療が始まります。

安い住居に転居

裁判、強制執行以前に、99％は、安い住居に転居します。

アパート暮らしの単身高齢者の事例です。2年以上も滞納していました。大家さんは、そのアパートを解体する計画で、順次、入居者は転居しており、最後に残ったのが、その単身高齢者です。性格は、とてもの

んびりしていて、滞納のことなど、何も心配していません。その内、金が入ったら、払えばいいや、という感じです。しかし、2年以上も、まとまった金が入らず、さすがに心配したのでしょう。私のアドバイスは、「引っ越ししたくても、金がない。申し訳ないが、引っ越し費用を出してくれませんか」です。結局、滞納分はチャラ、その上、100万円を出してくれました。そして、近くのアパートに転居しました。

転居の場合、公的賃貸住宅も考えよう

転居を考えるなら公的賃貸住宅も考えましょう。最近は、URが盛んにCMしています。税金が投入されていますから、民間賃貸住宅よりは有利です。

公的賃貸住宅にもいろいろあります。通常は、①②③を考えます。

①UR賃貸住宅…日本住宅公団が前身です。通称「団地」です。

②公社賃貸住宅…東京の場合、「東京都住宅供給公社」です。

③公営住宅…収入基準以下が条件で、低所得者向け。都道府県と市町村のものがあります。たとえば、東京の場合、「都営住宅」「区営住宅」「市営住宅」があり、「営」の文字が目印です。

④特定優良賃貸住宅、特定公共賃貸住宅…中堅所得者世帯向け。「都民住宅」「区民住宅」と言われ、「民」の文字が目印です。

⑤「高齢者向け優良賃貸住宅（高優賃）」「高齢者円滑入居賃貸住宅（高円賃）」「高齢者専用賃貸住宅（高専賃）」の3種は、「高齢者住まい法」（2011年成立）によって、漸次、「サ高住」に転換しつつあるようです。

⑥サービス付き高齢者向け住宅…通称「サ高住」です。

第6章　住居　145

Q6-4

UR 賃貸住宅は、抽選ですか？

Answer

先着順がいっぱいあります。

UR 賃貸住宅とは

独立行政法人・都市再生機構（UR 都市機構）が管理しています。かつての「日本住宅公団」です。

勘違い1 新築の場合、「抽選」がありますが、ほとんどは「先着順」です。つまり、入居可能な「空き室」が、かなりあります。

勘違い2 「営」の字がつく、「都営住宅」「市営住宅」「区営住宅」は、「一定所得以下」という基準があります。無収入でも入居可能です。しかし、UR の場合は、「一定所得以上」です。無収入では入れません。もし、「一定所得以上」に1〜2万円不足していれば、内職・アルバイトをしてクリアします。

勘違い3 「団地」には昭和30年代のイメージが残っていますが、大半は改築され、綺麗です。

勘違い4 駅から遠くて不便のイメージがあります。昔、団地が建設された頃、団地が先に完成し、10年後に線路が完成、ということが多くありました。その記憶が今も残っています。現在では、半数が「駅から10分以内」です。

UR 賃貸住宅のメリット

テレビの CM で流していることです。

①仲介手数料がなし。

146

②礼金がなし。

③更新料なし。

④保証人なし。

⑤いろいろな割引制度があります。たとえば、「子育て割」は、最大9年間、20％の家賃が割引になります。

UR賃貸住宅は大都市部にある

全国には、ありません。記載の都道府県だけです。

北海度・東北…北海道、宮城県

関東…東京都、神奈川県、千葉県、埼玉県、茨城県

東海…愛知県、三重県、岐阜県、静岡県

関西…大阪府、兵庫県、京都府、滋賀県、奈良県、和歌山県

中国…岡山県、広島県、山口県

九州…福岡県

空き室の具体例

　参考までに、練馬区内と千葉市美浜区内の空き室（2024年8月3日時点）を記載しておきます。練馬区内には10室、千葉市美浜区には91室あります。これらは、「先着順」です。要するに、この程度の物件なら、容易に入居できます。

図表6-4-1　練馬区内のUR空き室（2024年8月3日時点　10室）

団地名	部屋名	家賃 （共益費）	間取り 床面積	階数
にしき平和台	4号棟 101号	122,000円 （4,600円）	1LDK 54㎡	1階
	5号棟 315号	139,200円 （4,600円）	2LDK 63㎡	3階
光が丘パークタウン四季の香 弐番街	5-2-5号 614号	135,300円 （2,900円）	2DK 51㎡	6階

第6章　住居　147

	7号棟 702号	144,700円 (9,500円)	2LDK 58㎡	7階
パークサイド石神井	8号棟 507号	147,100円 (9,500円)	3LDK 66㎡	5階
	3号棟 802号	161,400円 (9,500円)	3LDK 71㎡	8階
	1号棟 301号	162,000円 (9,500円)	3LDK 73㎡	3階
光が丘パークタウン大通り南	7-8-1号棟 2310号	137,400円 (4,700円)	2DK 55㎡	23階
	7-8-1号棟 307号	150,400円 (4,700円)	2LDK 61㎡	3階

出所：UR賃貸住宅HPより作成

図表6-4-2　千葉市美浜区のUR空き室（2024年8月3日時点　91室）

団地名	部屋名	家賃 （共益費）	間取り 床面積	階数
千葉幸町	11-2号棟 502号	44,700円 (3,100円)	3K 45㎡	5階
	13-9号棟 303号	45,100円 (3,100円)	2DK 41㎡	3階
	11-15号棟 407号	46,400円 (3,100円)	3K 45㎡	4階
	11-17号棟 102号	47,500円 (3,100円)	2DK 40㎡	1階
	11室記載省略			
高洲第一	2-1-6号棟 407号	48,400円 (2,200円)	3K 50㎡	4階
	2-8-8号棟 526号	51,500円 (2,930円)	1K 32㎡	5階
	2-4-1号棟 506号	52,500円 (2,200円)	2DK 45㎡	5階
	2-4-2号棟 503号	52,500円 (2,200円)	2DK 45㎡	5階
	2-4-6号棟 401号	53,400円 (2,200円)	2DK 45㎡	4階
これ以外に、8団地44室ありますが、記載省略				

出所：UR賃貸住宅HPより作成

Q6-5

東京都住宅供給公社の住宅の家賃は高いですか安いですか？　入居するのは難しいですか？

Answer

安い物件もあります。すぐに入居できる物件が数多くあります。

住宅供給公社とは

国の外郭団体が UR 都市機構（都市再生機構）、地方自治体の外郭団体が住宅供給公社です。ともに、良好な集合住宅を供給する目的です。

住宅供給公社は、都道府県で 29 公社、政令指定都市で 8 公社あります。東京都の場合は、「東京都住宅供給公社」です。

1991 年（平成 3 年）3 月のバブル崩壊によって、地方の住宅供給公社は債務超過となり、10 公社が解散しました。

横道に逸れますが…

地方住宅供給公社の経営不振の中でも、青森県住宅供給公社の職員による 14 億円にのぼる横領事件は、バカバカしいものでした。横領した金の大半をチリ人女性アニータに貢いでいたのです。横領男は懲役刑になりましたが、アニータはチリに帰国していて、リッチに生活していたのです。チリでものすごく有名になりました。14 億円も貢がせていたのですから、話題になるのは当然です。女一人、ジャパンへ出稼ぎに行って、大成功。後日談は省略しますが、「事実は小説より奇なり」であります。

バブル崩壊によって、大銀行、大証券会社が倒産したのだから、地方の住宅供給公社のいくつかが解散に追い込まれたのは、時代の流れで

第 6 章　住居　149

しょう。思い出しても、あの頃は酷いものでした。

　現状は、他の住宅供給公社のことは知りませんが、東京都住宅供給公社は順調のようです。

東京都住宅供給公社の物件

　あらかじめご注意を。東京都住宅供給公社（JKK）は、「公社住宅」だけでなく「都営住宅」の募集も行っています。これを混同すると、もう、話が滅茶苦茶になります。

公社住宅…一定の所得以上が要件、無収入の人はダメ
都営住宅…一定の所得以下が要件、無収入でもOK

　「都営住宅」「市営住宅」「区営住宅」の「営」の字が目印です。「営」の字の住宅は、どこでも、入居要件や家賃基準は同じです。管理者の違いによる区別に過ぎません。

　くどいようですが、東京都住宅供給公社（JKK）は、「公社住宅」だけでなく「都営住宅」の募集も行っています。「なぜ、公社が都営をやっているのか？」と質問しないでください。そうなっているのです。とにかく、混同しないでください。

　公社の住居募集は、新築物件は抽選になる場合がありますが、そうでない限り「先着順」です。「先着順」物件が、ものすごく沢山あります。
　東京都住宅供給公社の物件は、あっさり言って、安い物件もあれば、URや民間と似たような家賃の物件もあり、様々です。一般論では、築年数が長い建物は安く、新しい建物はURや民間と似た水準です。

安い物件

　公社のHPの「先着順あき家検索」で、条件を「6万円以下」で検索すると、227物件が出てきました。「4万円以下」で検索すると、99物

件ありました（2024年8月3日時点、以下同じ）。

　なお、23区内には「6万円以下」「4万円以下」は、ありませんでした。「8万円以下」で検索すると、足立区2物件、江戸川区6物件が登場してきます。

　住宅相談で、「どこでもいいですよ」「町田市でも、いいですよ」という人の場合は、ホッとします。「絶対大丈夫」と太鼓判を押せます。

　ＨＰに掲載される物件は、頻繁に更新されます。したがって、場所を特定する相談者の場合は、絶えずＨＰを見る必要が生じます。自分の希望する場所が出て来たら、すかさず申し込みます。「先着順」なので、1秒でも早い人が勝ちます。

　図表中、「期限付」とあるものは、建替計画があり、10年なり5年間なりの期限がある物件です。10年のところが多いです。

図表6-5-1　6万円以下と4万円以下の物件戸数（2024年8月3日時点）

市名	6万円以下の物件戸数	4万円以下の物件戸数
八王子市	18	0
立川市	7	2
昭島市	5	1
狛江市	1	0
町田市	103	63
日野市	2	0
福生市	6	6
東大和市	35	17
清瀬市	5	5
東久留米市	14	5
多摩市	16	0
稲城市	15	0

出所：東京都住宅供給公社ＨＰより作成

図表 6-5-2　4 万円以下住宅 99 物件の中の 4 戸

市名	住宅名	住宅種別	間取り床面積	家賃（共益費）
立川市	江の島道東	一般賃貸住宅 （期限付）	2K 32.85㎡	39,500 円 （2,100 円）
昭島市	昭島田中町	一般賃貸住宅	2DK 39.98㎡	39,300 円 （2,000 円）
町田市	高ヶ坂	一般賃貸住宅 （期限付）	2K 32.85㎡	38,400 円 （1,400 円）
町田市	高ヶ坂	一般賃貸住宅 （期限付）	2K 32.85㎡	37,300 円 （1,400 円）

※出所：東京都住宅供給公社ＨＰより作成

特定物件

　「孤独死で発見が遅れた住宅」「自殺等があった住宅」を「特定物件」と言います。世間では「特定物件」では意味不明なので、俗に「わけあり物件」「事故物件」と称しています。

　特定物件は、家賃が 3 年間、半額になります。

　応募方法は「先着順」です。

　特定物件　一般賃貸住宅（期限なし）…立川市 1 物件、町田市 1 物件、多摩市 3 物件が掲載されています。

　特定物件　一般賃貸住宅（期限あり）…23 区では板橋区、足立区、江戸川区で各 1 物件ずつ掲載されています。多摩地区では、143 物件が掲載されています。

　とにかく、場所さえ選ばなければ、安い公社物件はたくさんあり、すぐ入居できます。

Q6-6

都営住宅に入居したいのですが、どうすれば入居できますか？

Answer

まず、応募方法をしっかり知ることです。

公営住宅とは

「営」の字がついている住宅です。東京であれば、「都営住宅」「市営住宅」「区営住宅」です。低所得者向けの公的賃貸住宅です。無収入でもＯＫです。

都営住宅の事務局は、東京都住宅供給公社（ＪＫＫ）が担っています。つまり、ＪＫＫは、「公社住宅」と「都営住宅」を担当しています。

都営住宅…一定所得基準以下

公社住宅…ある程度の所得以上

東京都住宅供給公社（ＪＫＫ）が、二つを担当しているので、都民の中には混乱する人がいるようです。

都営住宅の所得基準

「自分は低所得者ではない」と思い込んでいて、「公営住宅は関係ない」と信じている人が、かなり多くいます。

入居要件で一番難しいのは、「一定の所得基準以下」です。この「所得」が難しい。例えば、『令和６年５月　都営住宅入居者募集のご案内』では、P26 ～ P33 の８ページにわたって、書いてあります。これを理解して、間違いなく書ける人は、はたしているでしょうか。金額を間違って書いてしまっても、心配ありません。例えば抽選の場合、抽選が合格して、合格通知が来てから、事務局から、「これこれの書類を持って

第６章　住居　　153

きて」と連絡がきます。つまり、合格通知から、しっかりした審査が始まります。

都営住宅の申込書類を「どう書くか？」という相談は、かなりあります。一番悩む欄は、「年間所得金額」の欄です。間違って書いても、かまいません。もちろん、「一定の所得基準以下」の数字でなければ、いけません。

とりあえず、しっかり覚えてほしいのは、「収入」と「所得」は違う、ということです。

大原則は、「収入－必要経費＝所得」です。給与所得の場合は、給与所得控除が必要経費にあたります。年金所得の場合は、公的年金等控除が必要経費にあたります。「所得」は「収入」よりも少ない、このことは、しっかり認識してください。

そして、所得税・住民税の「所得」と都営住宅の「一定の所得基準以下」の「所得」は、10万円異なります。

　　収入－必要経費－10万円＝都営住宅の所得

また、所得基準の図表の「特別区分」は、優遇されている6種の世帯に適用されます。
　①障害者を含む世帯
　②60歳以上の世帯
　③高校修了期までの子どものいる世帯
　④原爆被爆者がいる世帯
　⑤海外からの引揚者がいる世帯
　⑥ハンセン病療養所入所者を含む世帯

『都営住宅入居者募集のご案内』では、他にも、いろいろ書いてありますが、省略します。

図表 6-6-1　所得基準

家族人数	所得	区分
	一般区分	特別区分
1 人	0 円〜 1,896,000 円	0 円〜 2,568,000 円
2 人	0 円〜 2,276,000 円	0 円〜 2,948,000 円
3 人	0 円〜 2,656,000 円	0 円〜 3,328,000 円
4 人	0 円〜 3,036,000 円	0 円〜 3,708,000 円
5 人	0 円〜 3,416,000 円	0 円〜 4,088,000 円
6 人	0 円〜 3,796,000 円	0 円〜 4,468,000 円
7 人以上	1 人増えるごとに	38 万円を加算

募集方法

　昔のこと、昔々のことは、ともかくとして、7 〜 8 年前までは、「年 4 回の定期募集」と「区市町の地元募集」だけでした。しかし、数年前から、「毎月募集」や「随時募集」が始まりました。2023 年（令和 5 年）から「高齢者等ふれあい同居」も始まりました。さらに、2024 年（令和 6 年）秋には、「60 歳未満単身者期限付き入居」が始まります。いろいろありますが、圧倒的に募集戸数が多いのは「年 4 回の定期募集」です。

　余談ですが、数年前から東京都住宅局がアイディアを出して、新たな募集方法を始めていることは分かります。しかし、役所の文書を読みなれていない人にとっては、「何か分からんなぁ〜」と感じる人も生じます。

（1）年 4 回定期募集

　抽選方式とポイント方式があります。

　抽選は公開抽選です。ポイント方式は、応募者の住居環境のポイントをつけて、重要度に応じて入居を決める方式です。

　図表の「単身者」とは、① 60 歳以上、②障害者、③生活保護者、④中国残留邦人支援給受給者、⑤海外からの引揚者、⑥ハンセン病療養入所者等、⑦単身 DV 被害者です。

　なお、抽選方式の際、「居室内で病死等があった住宅」の募集もあり

ます。また、「若年夫婦・子育て向（定期使用住宅）」、「単身者用車いす使用車向」の募集がある時があります。

図表 6-6-2　年 4 回定期募集

募集期間	募集内容
5 月上旬	●家族向・単身者向（抽選方式）
8 月上旬	○家族向（ポイント方式） ●単身者・シルバーピア（抽選方式）
11 月上旬	●家族向・単身者向（抽選方式）
2 月上旬	○家族向（ポイント方式） ●単身者・シルバーピア（抽選方式）

出所：「都営住宅入居者募集のご案内」

（2）地元募集

区市町が、その地域にある都営住宅を、そこの住民を対象に募集します。「都営住宅」ですが、イメージは「区営住宅」「市営住宅」「町営住宅」です。区市町が募集を行いますので、地元の広報誌に案内がのります。募集時期はまちまちです。地元の区市町に電話で尋ねるのがベターです。募集戸数は概して少数です。「募集なし」の年もあります。

（3）毎月募集

家族向・単身者向でポイント方式です。

（4）随時募集

家族向で先着順方式。これは、「年 4 回定期募集」「毎月募集」で申込ゼロの住宅です。昔から、ありましたが、PR 不足で、ほとんど、知られていませんでした。「どこでもイイ。早く入りたい」という人は喜びます。「早く」と言っても、3 ～ 4 カ月かかります。

（5）高齢者等ふれあい同居募集

2023 年（令和 5 年）から随時募集。親族以外の方と同居。随時募集・先着順。

（6）60 歳未満単身者期限付き入居

2024 年（令和 6 年）秋に、葛飾区と府中市で、試行的に始まりました。

Q6-7

都営住宅の抽選倍率は高いようですが、何倍ですか？

Answer

低いところもあります。

多摩の方が倍率が低い

都営住宅で、圧倒的に募集戸数が多いのは「年4回定期募集」です。その中でも「ポイント方式」よりも「抽選方式」の数が多いです。

抽選倍率は概して、23区よりは多摩地区の方が低いです。図表を見れば、なんとなく分かると思いますが、倍率がとても低いところもあります。「どこに住んでも、かまわない」という人にとっては、かなり安心できます。

ひと言

倍率が高くても、申込まないことには、絶対に当たりません。

多摩地区では、倍率が「1.0倍」という市もあります。つまり、全員が合格です。さらに、申込んだ人は分かることですが、申込地区番号で申し込みます。したがって、応募者ゼロの申込地区番号があります。前段の「(4) 随時募集」の対象物件となります。私の知人で随時募集で入居した人が4人います。

第6章　住居　157

図表 6-7- 1　23 区部の応募倍率

	令和 5 年 11 月定期募集の 応募倍率（世帯向）	令和 6 年 2 月定期募集の 応募倍率（単身者向）
千代田区	29.8	—
中央区	22.7	86.0
港区	19.4	100.0
新宿区	18.5	105.3
文京区	63.3	—
台東区	12.0	111.0
墨田区	6.1	—
江東区	11.8	89.0
品川区	12.3	55.4
目黒区	38.9	62.4
大田区	32.3	89.0
世田谷区	14.4	44.0
渋谷区	16.7	120.0
中野区	28.8	216.0
杉並区	24.7	58.3
豊島区	47.0	300.0
北　区	10.5	22.6
荒川区	16.8	—
板橋区	7.7	38.8
練馬区	7.8	120.0
足立区	3.8	12.6
葛飾区	4.2	33.1
江戸川区	5.4	48.1
区部平均	10.5	38.1

図表 6-7-2　市部の応募倍率

	令和5年11月定期募集の応募倍率（世帯向）	令和6年2月定期募集の応募倍率（単身者向）
八王子市	1.2	11.2
立川市	3.5	68.0
武蔵野市	8.6	38.4
三鷹市	6.6	27.8
青梅市	1.6	—
府中市	2.5	172.0
昭島市	5.7	5.8
調布市	5.9	80.7
町田市	4.5	—
小金井市	2.5	—
小平市	1.5	77.0
日野市	6.2	—
東村山市	6.2	58.0
国分寺市	2.6	—
国立市	4.9	78.0
西東京市（田無）	0.7	—
西東京市（保谷）	1.9	—
福生市	1.0	—
狛江市	11.2	23.8
東大和市	5.1	25.3
清瀬市	1.0	22.7
東久留米市	4.8	—
武蔵村山市	13.0	11.6
多摩市	5.4	48.0
稲城市	7.3	16.0
羽村市	4.8	—
市部平均	3.9	23.5

図表 6-7-3　他の平均倍率

	令和5年11月定期募集の平均倍率	令和6年2月定期募集の平均倍率
居室内で病死等があった住宅	3.9	16.5
シルバーピア　単身者向		41.5
2人世帯向		14.1
単身者用車いす使用者向		11.8
若年夫婦・子育て世帯向	4.4	

第6章　住居　　159

Q6-8

都営住宅のポイント方式のポイントとは、どんなポイントですか？

Answer

ポイントの項目内容は応募書類にありますが、点数配分は分かりません。

都営住宅募集の基本

都営住宅の募集は、抽選方式とポイント方式があります。

ポイント方式は、現在の住宅の状況から、「住宅困窮度」を判定し、入居者を決めます。「住宅困窮度の高い順」に入居対象者となります。

ポイント方式の第1関門

ポイント方式の入居資格は、①〜⑥で、「応募書類」に詳しく書いてあります。

③以外は、抽選方式と同じです。したがって、第1関門は、③です。③をよく調べて、自分がポイント方式の応募者に該当するかどうか確認します。案外、「ⓔ 特に所得の低い一般世帯」を見逃している人がいるようです。

①申込者が東京都内に継続して3年以上居住している。
②同居親族がいる。
③入居する世帯が次のいずれかにあてはまること。

　　ⓐひとり親世帯

　　ⓑ高齢者世帯

　　ⓒ心身障害者世帯

　　ⓓ多子世帯（子供3人以上）

ⓔ特に所得の低い一般世帯

④所得が定められた基準内

⑤住居に困っている

⑥暴力団員でないこと

ポイント方式の第2関門

申込書の裏面が、「住宅状況申込書」で、チェック項目が26項目あります（令和6年8月の募集）。これが、「住宅困窮度」のポイントです。時代変化にともなって、項目内容、項目の重要度などが変化しているようです。

令和6年8月募集の26項目を簡単にまとめると、次のとおりです。

1〜3、現在一緒に住んでいる方の状況

4〜11、現在住んでいる住宅の構造、間取り、面積など

12〜13、家賃関係

14〜15、建物の老朽化

16〜24、建物の隣接、近接の悪環境

25、立ち退かねばならない

26、過去2年間にポイント方式募集に応募したか

ポイント方式の点数配分は分かりません。受験でも、問題は分かっても、答や点数配分は教えないものです。「家賃が高いのが最大の苦難」と心底思っている人もいます。「近所の事業所の騒音でノイローゼ」になった人もいることでしょう。でも、それが、ポイントの高い点数かどうかは、分かりません。「たぶん、こうじゃないかな〜」「おそらく、ああじゃないかな〜」というレベルの話ならありますが、誤解をまねくので省略します。

第6章　住居　161

Q6-9

火災で焼け出された、どうしようか？

Answer

火災の日から2週間以内に都営住宅へ申し込む

正式な制度です

ほとんど知られていない制度です。「コネ入居」「裏口入居」と思い込んでいる人もいます。「東京都営住宅条例」の第9条は（公募の例外）です。全部読む必要はありません。最初の「災害による住宅の滅失」だけを読んでください。

（公募の例外）

第九条　知事は、次の各号のいずれかに掲げる事由に該当する者に対しては、公募を行わないで一般都営住宅の使用を許可することができる。

一　災害による住宅の滅失

二　不良住宅の撤去

三　一般都営住宅の借上げに係る契約の終了

四　一般都営住宅建替事業による一般都営住宅の除却

五〜八　記載省略

（平一七条例四三・平一八条例四一・一部改正）

2週間以内に申し込む

条文以外で、重要な点を記載します。

◎問合せ先

東京都住宅供給公社（ＪＫＫ）の都営住宅募集センター　（直通電話）
03-3498-8894

◎２週間以内に絶対に申し込む

　「すぐに申し込まなければいけない」「２週間以内に」が、超重要です。
火災で、テンヤワンヤですが、超重要です。ゴールデンウィーク、年末
年始は、役所が休みなので、注意してください。

　「火事で焼け出されて大変なんだから、遅れても融通をきかしてくれ
るだろう〜」なんて甘い考えは、キッパリ捨ててください。重大事件の
時ほど、テキパキ実行しなければなりません。

◎「罹災証明書」が必要です。消防署が発行します。消防署へ行って、
　「罹災証明書をください」と言っても、すぐにくれるとは限りません。

◎応急措置、一時的な入居です。３カ月以内。１回だけ更新できます。

◎家賃は払う。

　　本入居（正式入居）に切り替わることも

　㋐東京都内の賃貸住宅（アパートを含む）に住んでいて、㋑火災で住居
を失くし、㋒都営住宅の所得基準等に該当する人は、都営住宅に本入居
（正式入居）できます。

　以上のことは、東京都住宅政策本部ＨＰの「都営住宅へのり災者の
受入れ」に書いてあります。

　私は過去、火事で焼け出された数人にアドバイスして、「一時的入居
→本入居」となりました。ただし、近くの都営住宅に入居した人はお
らず、やや離れたところでした。それから、火元の人（火事原因者）は、
本入居はダメみたいです。

第６章　住居　　163

Q6-10

貧困ビジネス、無料低額宿泊所の問題は、どうなっていますか？

Answer

進展していますが、相変わらず酷い所もあります。

貧困ビジネス

貧困ビジネスとは、表面的には貧困者の生活救済を装っていますが、貧困者から搾取することを目的とするビジネスです。

典型的には、ホームレスに対して、「食事つき住居を無料で提供します。お金なら心配ありませんよ。生活保護を無料で斡旋しますから」と誘って、劣悪なアパートに入居させ、劣悪な食事を提供し、生活保護費のほとんどを、アパート代・食事代・諸雑費で取り上げ、本人には１万円程度しか渡さない、というビジネスです。

ただし、同じ誘い言葉で、ちゃんとしたアパート、誠意ある支援をしている個人・団体もあります。そもそもは、慈善事業だったのです。

なお、「貧困ビジネス」は、このようなシステムだけでなく、いろいろあります。住み込み派遣社員、ゼロゼロ物件、ヤミ金融、「囲い屋」、ネットカフェ……などです。それらに関しては、省略します。

無料低額宿泊所

貧困ビジネスの温床は、無料低額宿泊所です。

社会福祉法の第２条第３項第８号に「生活困難者のために、無料又は低額な料金で簡易住宅を貸し付け、又は宿泊所その他施設を利用させる事業」という条文を根拠に、無料低額宿泊所があります。都道府県への届出だけで開設でき、個人でも団体でも開設できます。NPO法人が

164

多い。ＮＰＯ法人は形式要件さえ整っていれば許可されます。したがって悪徳ＮＰＯ法人は、いくらでも存在します。厚労省は、無料低額宿泊所は、あくまでも一時的な居住の場と位置づけています。

さて、1991年（平成3年）3月が「バブル崩壊」、1997年（平成9年）11月に北海道拓殖銀行の破綻、1998年（平成10年）、長銀・日債銀・山一証券と大手金融機関が続々と破綻しました。金融システムの破綻が露わになりました。

そして、1998年（平成10年）には、自殺者が例年の2万数千人から、3万数千人と、一挙に1万人も増加した。自殺者3万人超えという「自殺という名の経済苦大虐殺時代」が14年間も続いたのです。

ホームレスが上野公園・新宿公園から溢れ、各地の公園、新宿駅から都庁の地下道、墨田川河川敷等が野宿地となりました。

就職氷河期（1993年〜2004年）でもありました。

まったくもって、恐怖の時代でした。

かつて、住居なき日雇い労働者は、東京の山谷（台東区北東から荒川区）、大阪の釜ヶ崎（西成区）の簡易宿泊所（通称「ドヤ」）に集まりました。その地は、日雇い労働者を求める求人側も多数が集まり、「寄せ場」と呼ばれました。1990年頃までは、「寄せ場」が機能していましたが、バブル崩壊後、「寄せ場」が弱体化に向かい、つまり、「寄せ場」に行っても日雇い仕事がない、仕事がなければ「ドヤ」に宿泊できない、ということで、ホームレスが街に溢れだしました。

「寄せ場」が機能していた頃は、無料低額宿泊所（略称「無低」むてい）のニーズは、さほどありませんでした。しかし、「寄せ場」の弱体化によって、「無低」は、東京圏で急増しました。1998年に無低は48カ所でしたが、現在は600カ所以上あります。急増原因は、慈善的要因ではなく、「貧困ビジネス」が成立すると分かったからです。役所も、急増するホームレスに対応するため、貧困ビジネスを黙認せざるを得なか

第6章　住居　　165

った。「黙認」どころか「活用」せざるを得なかったのです。

マスコミが連日、その悪質を報道しました。むろん、善意の良心的な「無低」もありますが、少数でした。無低の急増とは、慈善無低ではなく悪徳無低の急増でした。「マスコミの圧力」は大きな威力を発揮して、厚労省も東京都など自治体も、無低の改善に乗り出し、そこそこ改善はされました。でも、「まだまだ」との感じです。

無料低額宿泊所の現状

無低のイメージは、「ホームレスから脱出するため、一時的に滞在」ということです。そのため、あまり実態が知られていないように思うので、少し詳しく書いておきます。

厚労省の『無料低額宿泊事業を行う施設の状況に関する調査結果について（令和2年調査）』をみると、7～8割の人は「まあまあ良い」方向へ向かっているようですが、2～3割の人は、よろしくないようです。

- 施設数…608。その内、NPO法人が413。
- 人数…定員1万9,812人、入居者数1万6,397人。その内、生活保護は1万5,283人。
- 無低入居者の6.5%が介護保険の要介護認定を受けています。
- 無低入居者の7.0%が障害者手帳所持者です。実数1,153人のうち、身体障害者手帳521人、療育手帳（知的障害者手帳）131人、精神障害者手帳515人となっています。なお、複数の手帳を所持している人もいます。
- 簡易個室…間仕切壁が天井まで達していない居室を「簡易個室」といい、個室1万7,682室のうち、2,108室（11.9%）が「簡易個室」です。
- 施設の収支状況の公開…公開あり80.6%、公開なし13.0%、無回答等6.4%
- 無低を知った経緯は、図表6-10-1のように、過半数以上は福祉事務所です。つまり、役所は無低を頼っていることが分かります。

- 無低へ入居する前は、図表 6-10-2 のように、やはり路上生活・ネットカフェが最多で、35.4％です。
- 無低は「あくまでも一時的な居住の場」です。それでも図表 6-10-3 のように、「1 年〜3 年未満」と「3 年以上」を合わせると、60％以上になります。
- 無低の退去者の動向ですが、「失踪・無断退去」が、22.9％もいます。

図表 6-10-1　施設を知った経緯別の入居者数

入居者数	入居者本人からの連絡申込	事業者自身による声かけ	病院・社会福祉施設からの紹介	地域包括支援センター・ケアマネからの紹介	生活困窮・自立相談支援機関からの紹介	福祉事務所からの紹介	その他	無回答等
16,397 (100%)	2,783 (17.0%)	1,395 (8.5%)	668 (4.1%)	200 (1.2%)	853 (5.2%)	9,423 (57.5%)	817 (5.0%)	258 (1.6&)

図表 6-10-2　施設入居前の状況別の入居者数

入居者数	路上生活（ネットカフェ含む）	病院に入院	他の社会福祉施設（無低を除く）に入所	他の無低に入所	簡易宿所	居宅	その他	無回答等
16,397 (100%)	5,803 (35.4%)	1,846 (11.3%)	853 (5.2%)	1,920 (11.7%)	334 (2.0%)	3,147 (19.2%)	2,287 (14.0%)	207 (1.3%)

図表 6-10-3　施設の利用期間別の入居者数

入居者数	1カ月未満	1カ月〜3カ月未満	3カ月〜6カ月未満	6カ月〜1年未満	1年〜3年未満	3年以上	無回答等
16,397 (100%)	690 (4.2%)	1,153 (7.0%)	1,447 (8.8%)	1,966 (12.0%)	4,005 (24.4%)	6,131 (37.4%)	1,005 (6.1%)

図表 6-10-4　退去者の状況

過去1年間の退去者数	居宅へ移行	病院へ入院	他の社会福祉施設（無低を除く）への入所	他の無低の利用	失踪・無断退去	死亡	その他	無回答等
10,745 (100%)	3,655 (34.0%)	690 (6.4%)	1,157 (10.8%)	509 (4.7%)	2,465 (22.9%)	430 (4.0%)	1,835 (17.1%)	4 (0.0%)

ホームレスの実態

　無低の動向だけを見ていると、なんとなく、歩みは遅くとも、良い方向へ向かっているようです。関連する他のデータを見てみましょう。

　ホームレスの人数は、2003年の約2万5千人から、2023年は約3千人と減少しています。しかし、2018年の東京都の調査では「ネットカフェ難民」は、約4千人となっています。ということは、「目に見えるホームレス」が3千人、「目に見えないホームレス（ネットカフェ難民）」が4千人で、合計7千人です。

　そして、無低が約1万6千人います。それを合わせると、2万3千人となります。住居なしの貧困層の実数は、さほど変わっていないのかも知れません。

日常生活支援住居施設

　2018年（平成30年）に、貧困ビジネスの温床である劣悪な無低の規制強化と同時に、「日常生活支援住居施設」ができました。

　無料低額宿泊所の中でも、厚労省の一定要件を満たす施設、いわばレベルの高い無低が、「日常生活支援住居施設」となりました。「入居者の個別支援計画を策定し、個別的・専門的な日常生活上の支援を行う」ということです。都道府県が管轄します。

　喜ばしいことに、日常生活支援住居施設は増加傾向にあります。多くの施設の定員は、10〜30人が多いです。

台東区に施設数が多いのは、おそらく山谷という「ドヤ街」の長年
の存在が、善意の団体を育んでいた、ということと推測します。

　ホームレス、無低の問題は、①福祉事務所のケースワーカーの増員
と役割分化、②日常生活支援住居施設の増加、この二つが決め手です。
　本当は、ホームレス・無低になる前の施策が重要です。住居なしの
最底辺貧困者が、東京には 2 ～ 3 万人います。「のろのろ亀さん」のよ
うに、改善の歩みは、ゆっくりです。「ゆっくり」なのか「着実」なのか、
日本語は難しいのですが、貧困ビジネス・無低が社会問題化して、すで
に 20 年も経っています。
　「ホームレス・ゼロ社会」とは「安心・健全な社会」の証です。生身
の人間相手なので手間がかかります。なんとなく、「自分に関係ない」
「ホームレス・ゼロなんて不可能」と思っている人もいますが、「ホーム
レス・ゼロ社会」への策はあるのです。

図表 6-10-5　東京都内の日常生活支援住居施設の施設数と定員の推移

	施設数	定員
2021 年（令和 3 年）5 月 1 日時点	38	726
2023 年（令和 5 年）10 月 1 日時点	55	1,163

出所：東京都福祉局ＨＰより作成

Q6-11

サ高住とは、何ですか？

Answer

バリアフリー完備で、食事付き（入居者の選択）の賃貸住宅です。有料老人ホームと似ています。

一応、3分類みたい

2011年（平成23年）に「高齢者の居住の安定確保に関する法律」が成立し、施行された。この法律の略称は、いろいろありますが、「高齢者住まい法」とします。この法律によって、「サ高住」が生まれました。

この法律および高齢者住宅の解説を読むと、大雑把に言って、高齢者の住居は、3分類されます。

①バリアフリー住宅

②サービス付き高齢者向け住宅（サ高住）…「バリアフリー」＋「サービス」

③老人ホーム

日本の住宅状況

何事も、全体像を大雑把に分かっていないと、「木を見て森を見ず」になってしまいます。

日本全体で、賃貸住宅約2,000万戸、持家約3,000万戸です。

☆賃貸住宅約2,000万戸の内、公営住宅約192万戸、公社・UR約75万戸、民間助成約10万戸です。賃貸の約14％が公的住宅となっています。

☆高齢世帯に限定した数字では、賃貸住宅に約292万世帯、持家に約989万世帯です。高齢者の約23％が賃貸です。ただし、別途、「施設」（老人ホームなど）に、224万人が居住しています。

170

高齢者の選択

日本の高齢者は、要支援・要介護になっても、賃貸・持家に関係なく、7～8割は在宅です。むろん、介護保険の在宅サービスを受けます。

しかし、「一人暮らし」となり、「介助の必要性が高まる」と、「施設」希望が多くなります。それが日本の現状であり、常識です。

したがって、賃貸・持家の居住者は

㋐住居のバリアフリー化

㋑要介護度が高くなったら、あるいは、高くなる以前に、「施設」（老人ホーム等）あるいは「サ高住」への転居

この二つの両にらみ状態となります。いつ、どうするか、それは本人の選択です。そうは言っても、「施設」「サ高住」への選択は、「早めの準備」で選択する人は少なく、「必要に迫られ、やむなく」選択が多いようです。

往々にして、高齢者本人の選択ではなく、子どもが選択する場合があり、トラブルが発生します。

図表 6-11-1　高齢者の住居状況

持家		単身 422 万世帯、夫婦 566 万世帯
賃貸	公営住宅	単身 56 万戸、夫婦 25 万戸
	UR・公社	単身 18 万戸、夫婦 10 万戸
	民間賃貸	単身 138 万戸、夫婦 45 万戸
施設	特養	64 万床
	老健	37 万床
	介護医療院	3.4 万床
	介護療養	1.9 万床
	有料	54 万人
	軽費	9.5 万人
	養護	6.3 万人
	GH	21 万人
	サ高住	27 万人

出所：国土交通省「第 6 回サービス付き高齢者向け住宅に関する懇談会資料（2022/02/22）」より

「サ高住」

さて、「サ高住」の説明に移ります。

◎基準

　・同居は親族のみ。

　・バリアフリー

　・個室。専用床面積 25㎡以上

◎サービス

　・ケアの専門家が、少なくとも日中は常駐。

　・「安否確認サービス」と「生活相談サービス」の二つは、「サ高住」
　　の義務です。

　　「食事サービス」は、入居者の選択制です。

　・「サ高住」は、「一般型」と「介護型」の区別があります。

　一般型…介護が必要になったら外部のサービスを頼む。したがって、
　　　　「住居型有料老人ホーム」と似ています。

　介護型…「サ高住」に介護施設が併設されていて、介護職員が常駐
　　　　しています。したがって、「介護付有料老人ホーム」と似ています。

◎費用

　　入居一時金は 0 〜 28 万円。月額利用料 11 〜 20 万円。ただし、生活
　　　保護でも入居可能なところもあります。

◎入居時は、「自立」「ほぼ自立」が基本です。

　「サ高住」は、基本的基準はあるのですが、施設ごとに、かなり大き
な差があります。「目で見える基準」も重要ですが、「サ高住」は、「目に
見えないサービス」が重要です。「目に見えないサービス」を判定する
「目に見えるモノサシ」がないので、判断に苦労します。施設側の PR
パンフレットだけで判断してはいけません。**少なくとも、地域包括支援
センターで相談してみてください。**

第7章

失業

Q7-1

「基本手当」（失業手当）を多くもらう方法はありますか？

Answer

退職日の6カ月間は、残業等を増やして手取り額を増やします。

雇用保険の概略

基本は、失業した場合の基本手当（失業手当）です。会社員は65歳からは年金受給者となりますので、基本手当（失業手当）は65歳未満です。

65歳以上で失業した場合は「高年齢求職者給付金」となります。似たような響きの「高年齢雇用継続給付」がありますが、間違えないようにしてください。

雇用保険の全体像は、図表のとおりです。

基本手当日額

「基本手当」は、通常「失業手当」と呼ばれています。

基本手当日額は年齢、勤務年数によって大きく異なります。2千数百円〜8千数百円です。毎年8月1日に変更されます。

詳細な計算方法は省略して、そのイメージは次のようなものです。

退職日の前6カ月間の給料合計（ボーナスを除く）を180で割った金額を求め、その50〜80％が基本手当日額になります。

したがって、これを増やすには、**退職日前6カ月は、めいっぱい残業をする、休日出勤もして、給料を増やすことです。**

一般常識では、「どうせ退職するのだから、残業しない。休日も多くとる」というものです。この**一般常識と、逆のことを実行すれば、基本手当日額が増加します。**

「飛ぶ鳥跡を濁さず」の言葉があります。退職前は、この言葉を大切にしたいものです。退職前に長期の無断欠勤をする者がいますが、基本手当（失業手当）の減少に直結します。

65歳以上の「高年齢求職者給付金」は、いろいろな要件を満たしていれば、一時金として支払われます。勤務期間によって、基本手当日額の30日分と50日分となります。基本手当に比べれば、かなり低い水準です。

図表 7-1-1　雇用保険制度の一覧

失業等給付	求職者給付	一般被保険者に対する求職者給付	**基本手当**	
			技能習得手当	受講手当、通所手当
			寄宿手当	
			傷病手当	
		高年齢に	**高年齢求職者給付金**	
		短期雇用特例に	特例一時金	
		日雇労働に	日雇労働求職者給付金	
	就職促進給付		就業促進手当	再就職手当、就業促進定着手当 就業手当、常用試験支度手当
			移転手当	
			求職活動支援費	広域求職活動費、短期訓練受講費 求職活動関係役務利用費
	教育訓練給付		教育訓練給付金	
	雇用継続給付		高年齢雇用継続給付	
			介護休業給付	
育児休業給付			育児休業給付金	
雇用保険二事業	雇用安定事業			
	能力開発事業			

出所：厚生労働省ＨＰより

Q7-2

「会社都合」退職と「自己都合」退職、どちらがいい
ですか？

Answer

「会社都合」の方が、有利です。

　基本手当（失業手当）の給付日数
失業者は3分類されます。
①一般の離職者…自己都合退職
②倒産・解雇等の離職者（特定受給資格者）…会社都合退職
③就職困難者…障害者など
　この3分類によって、給付日数が異なります。図表を比べれば一目
瞭然、会社都合退職の方が、給付期間が長いです。

　問題は「倒産・解雇等の離職者（特定受給資格者）」の「等」です。倒
産・解雇は分かりますが、「等」とはどんなケースなのか。
　たとえば、「賃金が85％未満に下げられたので離職」が該当します。
あるいは、「上司、同僚からのイジメ・パワハラのため離職」も該当し
ます。
　さらには、「特定理由離職者」も「等」に含まれます。特定理由離職
者とは、「結婚、妊娠、出産」「結婚にともなう転居」「親の看病・介護」
「視力の減退」などです。
　自分が、会社都合退職に該当するかどうか分からない場合は、退職
前にハローワークで相談することをお勧めします。退職は、人生の上で
大事件です。ハローワークで1回相談しても、帰宅してから「あれは、
どうだろうか」と相談しなかったことに気が付くこともあります、2回

176

でも３回でも、相談してください。

　それから、会社の人事担当者は「会社都合退職とはクビのことで、クビでは経歴の汚点になるので、自己都合退職の方がいいですよ」とアドバイスすることがあります。会社都合退職は事務処理が面倒であり、さらには、雇用者を助成する雇用関係助成金の関係で、自己都合退職を勧めるケースがありますから、用心して下さい。

図表 7-2-1　一般の離職者（自己都合退職の給付日数）

被保険者であった期間	１年未満	１年以上５年未満	５年以上10年未満	10年以上20年未満	20年以上
全年齢	―	90日	90日	120日	150日

図表 7-2-2　倒産・解雇等の離職者（会社都合退職の給付日数）

被保険者であった期間	１年未満	１年以上５年未満	５年以上10年未満	10年以上20年未満	20年以上
30歳未満		90日	120日	180日	―
30歳以上35歳未満		120日	180日	210日	240日
35歳以上45歳未満	90日	150日	180日	240日	270日
45歳以上60歳未満		180日	240日	270日	330日
60歳以上65歳未満		150日	180日	210日	240日

図表 7-2-3　就職困難者の給付日数

被保険者であった期間	１年未満	１年以上
45歳未満	150日	300日
45歳以上65歳未満	150日	350日

Q7-3

給付日数を延長できませんか？

Answer

公共職業訓練に通う場合は延長されます。

受給期間の誤解

勘違いで多いのは「受給期間の延長」です。「給付日数」（給付期間）と「受給期間」とは異なります。「給付日数」（給付期間）は、被保険者期間・年齢などで、例えば「90日間」とバッチリ決まっています。手続きをダラダラして遅れるのを防止するため「受給期間」が定めてあります。例えば「1年間」です。したがって、ダラダラして遅れると、「90日間」でも、「受給期間」に引っかかって、80日間しか、もらえない場合があります。

でも、病気・妊娠などの理由があれば、手続きして、途中の40日間を後ろにズラスことができます。これが、「受給期間の延長」で、別段、給付日数（給付日数）が増えるわけではありません。

職業訓練（ハロートレーニング）が超重要

これは滅茶苦茶重要なことです。「職業訓練」は、単なる普通名詞ではなく、専門用語です。「職業訓練」には、2種類あります。「公共職業訓練」と「求職者支援訓練」です。そうすると、ますます、「職業訓練」が何を特定しているのか混乱してしまうので、最近では、次のように言い換えます。

「職業訓練」（ハロートレーニング）には、「公共職業訓練」と「求職者支援訓練」の2種類があります。そして、「公共職業訓練」には、離職者

訓練、在職者訓練、学卒者訓練、障害者訓練があります。

　基本手当（失業手当）の受給者が公共職業訓練（離職者訓練）を受ける場合は、終了まで手当給付が延長されます。たまたま、求職者支援訓練に通った場合も同様です。

　バブル崩壊後、基本手当（失業保険）が終わってしまった長期失業者、非正規派遣労働者、そうした人々が、莫大な数となっていました。ホームレスも街にあふれていました。それだけでなく、経済苦によって毎年1万人に近い人が自殺していました。まったく恐ろしい時代でした。そこへ、2008年、リーマンショックが襲いました。2009年、民主党政権樹立。そして、やっと2011年に「求職者支援訓練」が始まったのです。スタートした当時は、「入学金も授業料もタダで、その上、生活費（当時は10万円よりやや低い額）まで、くれる！」って、「それ本当！」という感じでした。むろん、一定の条件はありますが、なかなか信用されなかったものです。役所のPRチラシ、SNSを読もうとしても、難解すぎて、読む気力が萎えてしまう。我慢して、読んでも意味不明です。私は「役所の文章は5回読むべし。1回読んで理解できたら、天才だ」と言い続けていますが、求職者支援制度（職業訓練受講給付金）は、5回読んでも分からないものです。ですから、役所に、解説を聞きに行った記憶があります。

「求職」から「研修＋求職」へ
　思い出すと、約30年前、デンマークの雇用保険のことを知りました。ぼんやりした記憶ですが、「給付日数が2年間もあります。1年間は新しい技術・知識を身につける研修期間、1年間は求職期間」という感じでした。「なるほどなぁ～、日本の3カ月、6カ月は、求職だけの発想なのだろう。単純労働時代の発想なのだろう」と思ったものです。約50年前、ミシンが数百台ある繊維工場が多くありました。次々に廃業

していきました。そこのミシン工女は、いかにミシン技術が上手でも再就職は難しく、ミシンとは別の新しい技術を身につける必要がありました。「デンマークは、時代の変化をしっかり考えている」と感心しました。しかし、日本では、「入社してから社員研修」の発想が強く、雇用保険に「研修＋求職」は薄く、今も雇用保険は「求職」です。

そんな中、特別のような存在で「公共職業訓練」がありました。そして、「求職者支援訓練」が始まりました。大きく育つことを期待しています。つまり、雇用保険が、「求職」から「研修＋求職」へ質的転換すべきなのです。勤労世代人口の減少、技術変化の高速化、これを乗り切るためには、「研修＋求職」への転換が必要です。

現在、「高等教育の無償化」に感心が高まっていますが、それはそれとして、「職業訓練」（ハロートレーニング）への関心を高めるべきです。

現在、公共職業訓練（離職者訓練）は全国で毎年約10万人、求職者支援制度は3〜4万人が終了し、約8割が就職しています。

図表 7-3-1　公共職業訓練（離職者訓練）と求職者支援訓練

	公共職業訓練 （離職者訓練）	求職者支援訓練
基本手当（失業手当）	主に、もらっている人	主に、もらっていない人
経済支援	修了まで、基本手当が延長	職業訓練受講給付金月10万円
入学金・授業料	無料	無料
コース	いろいろなコースがあります。ネイルまであります。	

出所：著者作成

図表 7-3-2　公共職業訓練と求職者支援制度の実績

	公共職業訓練				求職者支援 制度
	離職者訓練	在職者訓練	学卒者訓練	障害者訓練	
2018年	10万6千人	12万1千人	1万7千人	6千人	2万3千人
2019年	10万4千人	12万1千人	1万6千人	5千人	2万1千人
2020年	10万3千人	7万2千人	1万6千人	5千人	2万4千人
2021年	10万8千人	9万2千人	1万6千人	5千人	2万8千人
2022年	10万2千人	10万6千人	1万6千人	5千人	4万人

出所：ハロートレーニングの実施状況（厚生労働省資料）

Q 7-4

「第2のセーフティネット」とは何ですか？

Answer

3本柱です。①無料で研修を受け、その間、生活費がもらえ、②アパート代がもらえ、③お金が無利子で借りられます。

第2のセーフティネット

1991年バブル崩壊、「失われた10年」「失われた20年」と嘆いていたら、2008年、リーマンショックが襲いました。まったく恐ろしい時代でした。リーマンショックの前後、さかんに、「第2のセーフティネット」つくりが注目されていました。

図表7-4-1 「第2のセーフティネット」のイメージ

| 就職している | → | 雇用保険 | → | 第2のセーフティネット |
| → | 生活保護（最終セーフティネット） | → | ホームレス | |

出所：著者作成

図表のように、雇用保険で救済されない失業者を、なんとかしようというものです。「第2のセーフティネット」は、3本柱でつくられました。

①求職者支援制度（職業訓練受講給付金）
②住居確保給付金（住宅手当）
③総合支援資金貸付（社会福祉協議会＝社協の「生活福祉資金貸付」の中の一つ）

なお、2015年（平成27年）から、「生活困窮者自立支援法」がスタートしました。内容は次の7項目です。

第7章 失業　181

①自立相談支援事業

②住居確保給付金

③就労準備支援事業

④就労訓練事業

⑤家計改善支援事業

⑥子どもの学習・生活支援事業

⑦一時生活支援事業

　それゆえ、「第2のセーフティネット」の法令根拠は、雇用保険法、生活困窮者自立支援法、厚労省の「生活福祉資金貸付制度要綱」となりました。

求職者支援制度（職業訓練受講給付金）

　求職者支援制度（職業訓練受講給付金）は、雇用保険から外れた失業者のスキルアップのための数カ月間の研修です。入学金・授業料は無料です。でも、毎日、研修所に通学するので、働けない。となると通学できません。それで、生活費を職業訓練受講給付金として毎月10万円支給します。支給ですから返済無用です。ハローワークで手続きします。

住宅確保給付金（住宅手当）

　住宅確保給付金（住宅手当）は、アパートの賃貸料が払えない場合、東京の場合ですと、5万数千円が支給されます。原則3カ月、最大9カ月です。ただし、政府の腰は、ふわふわしていて、この制度の廃止が検討されました。しかし、新型コロナ対策で、延長されました。新型コロナがほぼ終息したので、どうなるかと思っていたら、終息後も延長されました。

　住居が無くなれば、いかに、求職者支援制度（職業訓練受講給付金）があっても、どうにもなりません。政府は「第2のセーフティネット」を真剣に考えてもらいたい、と願うものです。

住宅確保給付金（住宅手当）ができたのは、リーマンショックの頃で、民主党政権前の麻生内閣の時でした。私は、チラシを500枚作成して、近所のアパートにポスティングしました。そしたら、5人の人から相談を受けました。500枚で相談者が5人とは、驚異的な数字です。経験上、「給付」という言葉をしっかり理解していない人が多いので、「給付だから返済無用」と大きく書いたのが、功を奏したのかも知れません。

**　総合支援資金貸付（社協の「生活福祉資金貸付」の中の一つ）**

　まず、生活福祉資金の概要を記載します。

◎社会福祉協議会が実施しています。

◎対象者は、低所得世帯、障害者世帯、高齢者世帯です。

◎連帯保証人なしでもOKです。利子の原則は

　　連帯保証人あり…利子ゼロ

　　連帯保証人なし…1.5%

◎サラ金のように、即時に現金を手にできません。最低でも1〜2週間かかります。

◎「生活福祉資金」は大別して4種類です。…詳細は、社協のＨＰを。

　　①総合支援資金

　　②福祉資金

　　③教育支援資金

　　④不動産担保型生活資金

**　借金するなら、社協の「生活福祉資金」が一番**

　とびきり強調しますが、お金を借りるなら、まずは、社会福祉協議会の「生活福祉資金」を考えてください。なにやら難しそうな説明がパンフレット、ＨＰには書いてありますが、実際は、そんなに難しくはありません。民間金融機関の宣伝はとても上手ですが、「宣伝が上手」だけかも知れません。

第7章　失業　183

新型コロナの際は、生活支援費と緊急小口資金の２つが「特例貸付」として、貸付要件の緩和、対象者の拡大、貸付金額のアップが実行されました。しかも、住民税非課税世帯は、「返済免除」すら制度化されました。

　２つの「特例貸付」は、300万人を超える人が利用し、貸付総額は約１兆3000億円でした。とりあえず、救済されました。返済時期が到来したら、どうなるのか、心配します。どうやら、大半が「返済免除」のようです。

　新型コロナ特例貸付は、さておいて、「福祉資金の福祉費」の「生業を営むために必要な資金」に注目してください。零細個人事業の設備資金・運転資金に利用できます。私の経験では、個人商店主が、聞いたことがない金融機関のチラシを見せて、「ここから借りようと思っている」というのです。金融機関・金融知識がほとんどゼロの人がいるのです。それで、「福祉資金の福祉費」を借りるお手伝いをしました。一番の要点は、「現在は苦しい」→「借りたお金で、これこれをする」→「その結果、利益が増加」というストーリーです。もっとも、ストーリーはあくまでも見込みです。

図表 7-4-2　総合支援資金

種類	内容	貸付限度額	据置期間	償還期間
生活支援費	生活再建までの生活費	２人以上月20万円 単身15万円 原則３カ月 最長12カ月	６月	10年 以内
住宅入居費	敷金・礼金	40万円	６月	
一時生活再建費	生活再建のための一時的費用	60万円	６月	

出所：全国社会福祉協議会ＨＰより

図表 7-4-3　福祉資金

種類	内容	貸付限度額	据置期間	償還期間
福祉費	生業を営むために必要な資金 技能習得費、その間の生計費 住宅増改築・補修費福祉用 具購入 療養に必要な経費、その間の 生計費 その他いろいろ	580万円以内	6月	20年 以内
緊急小口資金	緊急かつ一時的	10万円以内	2月	12月以内

出所：全国社会福祉協議会ＨＰより

図表 7-4-4　教育支援資金

種類	内容	貸付限度額	据置期間	償還期間
教育支援費	高校、大学、高専の必要 費用	高校：月3.5万円 高専：月6万円 短大：月6万円 大学：月6.5万円 ※各1.5倍まで可能	卒業後 6月	20年
就学支度費	入学に際し必要な経費	50万円		

出所：全国社会福祉協議会ＨＰより

図表 7-4-5　不動産担保型生活資金

種類	内容	貸付限度額	据置期間	償還期間
不動産担保型 生活資金	低所得の高齢者世帯 に対し、一定の居住 用不動産を担保として 生活資金を貸し付ける	土地の評価額の70% 程度、月30万円まで。 借受人死亡まで又は貸 付限度額に達するまで	契約終了 後の3月 以内	据置期間 終了時
要保護世帯向け 不動産担保型 生活資金	要保護の高齢者世帯 に対し、一定の居住 用不動産を担保として 生活資金を貸し付ける	土地の評価額の70% 程度（集合住宅は50%）、 生活扶助額の1.5倍。 借受人死亡まで又は貸 付限度額に達するまで		

出所：全国社会福祉協議会ＨＰより

Q7-5

なんとか働いています。でも住む家がありません。どうすればいいのでしょうか？

Answer

「TOKYO チャレンジネット」へ。

ネットカフェに寝泊まり、仕事はしている

「TOKYO チャレンジネット」のチラシのキャッチコピー（キャッチフレーズ）は、次のものです。

「がんばるしかない。でも住む家がない！　そんなあなたを応援します。ひとりで悩まないで、一緒に解決策を見つけていきましょう。」

ネットカフェに寝泊まりしている。あるいは、アパート家賃滞納で今月中に退去しなければならない。お金が貯まらず、アパートが借りられない。でも、必死で仕事はしている（たまたま、失業でも OK です）。お先、真っ暗だ。どうしようか？

こうした場合、いろいろな制度がありますが、自分一人で制度を調べても、訳が分からないものです。「TOKYO チャレンジネット」へ相談するのが、一番いいです。一応、都民対象ですが、近隣の県の人でも、都内のネットカフェに一泊でも寝泊まりしていれば大丈夫みたいです。

私が初めて、相談者を連れて「TOKYO チャレンジネット」へ行った時、新宿区歌舞伎町のネオンがキラキラの場所なので驚きました。「ああ、そうか、この界隈はネットカフェが多いのだ。それで、すぐ相談できるように、この場所に事務所を設けたのだな」と感心しました。

相談すると、「TOKYO チャレンジネット」が借上げているアパート

に一時入居（無料）となります。家賃だけでなく水道光熱費も無料です。冷蔵庫など備品も無料で準備されています。約3〜4カ月が限度です。

　住居のことだけではなく、就労問題、借金問題、健康問題など、専門家が相談にのって解決します。

　要するに、3〜4カ月で、新生活となります。

「TOKYO チャレンジネット」はどこにあるのか

　この制度は、東京都だけです。ネットカフェがたむろする新宿区歌舞伎町にあります。

図表 7-5-1　「TOKYO チャレンジネット」

◎東京都福祉局の出先機関です。民間機関ではありません。
◎〒160-0021 東京都新宿区歌舞伎町 2-44-1 東京都健康プラザハイジア 3F
TOKYO チャレンジネット
フリーダイヤル　0120-874-225
0120-874-505（女性専用）
代表電話　03-5155-9501
◎開所時間
月・水・金・土…10 時〜 17 時
火・木　　　…10 時〜 20 時
日・祝日　　　…休み
相談員が各地へ出かけて行って、相談しています。日時場所は、代表電話で尋ねてください。
◎区市町村の福祉事務所、生活困窮者自立支援機関でも、相談にのってくれます。
ただし、相談の上、「TOKYO チャレンジネットを紹介」ということも多いようです。
※生活困窮者自立支援機関は 2015 年にスタートしました。福祉事務所だけでなく、
社会福祉協議会、社会福祉団体、NPO でも、存在しています。

Q7-6

「TOKYO チャレンジネット」の「介護職支援コース」の「貸付金返済免除」ってなんですか？

Answer

このコースで借りた金は、介護職半年を勤務すれば、返済しなくてもいい、という大サービスです。

介護職支援コース

　ネットカフェに寝泊まりしている。あるいは、今月末にアパートを退去しなければならない。仕事はしている。あるいは、たまたま今は失業中だが、働く意欲は満々である。そうした場合、「TOKYO チャレンジネット」に相談するのが、一番いい方法です。

　そして、「TOKYO チャレンジネット」には、特別に「介護職支援コース」があります。このコースは、コースの際の貸付金は「償還免除」の大サービスがあります。

　＜コースの主な要件＞
　①解雇・雇止めの離職者など。離職前は生計を維持していた。
　②住居喪失、または、住居喪失のおそれ。
　③18 歳以上 65 歳未満。
　④資産がない、不動産を所有していない。
　⑤在学生でない。
　⑥生活保護受給世帯でない。
　⑦雇用保険の受給資格がない。
　⑧健康である。
　⑨介護職に就労する意欲がある。

＜コースの流れ＞

1カ月目

・介護講座受講開始

・生活費貸付…3〜4カ月に渡り最大45万円貸付

・一時住宅入居…TOKYOチャレンジネットの借上げアパート（家賃無料）

・就労支援…応募書類作成、模擬面接、職場紹介（介護職場は人手不足なので非常に沢山あります）

2カ月目

・介護講座修了

・就職決定

・一時住宅利用者の住宅支援…住宅担当者による物件探し（連帯保証人不要）

3カ月目

・住宅決定…住宅費貸付（敷金等初期費用、最大40万円）

・就職一時金貸付…初回給与が出るまでに必要に応じて最大10万円　アフターフォロー、貸付金償還

・各種相談

・講座終了後1年以内に就職し、介護職として6カ月継続就労すると、一定の要件を満たしていれば、**貸付金の償還免除**となります。

要するに、3〜4カ月後には、介護のプロとして「新生活」です。

Q7-7

受験生チャレンジ支援貸付は合格・入学すれば返済免除ですが、収入要件は、どうなっていますか？今年の６月に失業しました。

Answer

昨年は収入オーバーで今年は激減の場合、11〜12月に今年の収入見込みを提出します。

受験生チャレンジ支援貸付事業の概要

高校・大学等受験対策の学習塾等の費用、及び受験料を貸し付ける。無利子です。

図表 7-7-1　貸付金額

	貸付限度額	貸付の範囲
学習塾等受講料	20 万円（上限）	対象となる学習塾等の費用
受験料（中学３年生又は準じる方）	2 万 7400 円（上限）	対象となる高等学校等の受験料 ※１度で４回分まで。１回分上限は２万円。
受験料（高校３年生又は準じる方）	8 万円（上限）	対象となる大学等の受験料

出所：東京都福祉局ＨＰより

合格・入学すれば返済免除

めでたく合格・入学すれば返済免除になります。

問題点は収入激減の場合

利用するには、要件があり、「一定以下の収入」という要件があります。要件には、他にも預貯金保有額 600 万円以下などがあります。

190

図表 7-7-2　収入要件　　　　　　　　　　　　　　　　　　（令和 6 年度）

		総収入（年間）	合計所得金額（年間）
一般世帯	世帯人数 3 人	441 万円以下	308.7 万円以下
	世帯人数 4 人	504.9 万円以下	359.9 万円以下
	世帯人数 5 人	573.7 万円以下	414.9 万円以下
ひとり親世帯	世帯人数 2 人	405.7 万円以下	280.5 万円以下
	世帯人数 3 人	496.6 万円以下	353.2 万円以下
	世帯人数 4 人	577.2 万円以下	417.5 万円以下

※賃貸物件に居住の方は、年額上限 84 万円を限度に家賃支払額を本人収入額から減額できる場合がある。
※営業所得など、給与収入以外の所得がある場合は、合計所得金額で確認。（家賃額分の減額はできない。）

出所：東京都福祉局ＨＰより

　問題点は、収入激減の場合です。

　令和 7 年 2 ～ 3 月の受験の場合、通常、令和 5 年分の収入の課税証明書で判断します。これが、図表の基準以下であれば、いいのです。しかし、令和 6 年の途中で、失業等で収入が激減した場合は、令和 6 年 11 ～ 12 月に、令和 6 年分の収入見込みを提出することになります。審査がパスすれば、受験料貸付は OK ですが、学習塾代の貸付は 12 月分からとなります。

　収入激減でテンヤワンヤ、受験でもテンヤワンヤ、それに加えて、受験生チャレンジ支援貸付でもテンヤワンヤです。手続を簡単にできないものか。たとえば、退職証明書あるいは基本手当（失業手当）資格証明書に代わらないものか……。

　現代の受験状況は、学習塾での受験勉強の有無は、かなり大きなものがあります。

Q7-8

年金と基本手当（失業手当）の二重取りは可能ですか？

Answer

あるにはあるが、簡単な話ではありません。

大原則は、年金と基本手当（失業手当）の併給はダメです。

年金の原則は65歳から支給です。しかし、60歳〜65歳未満までは、「特別支給の老齢年金」あるいは「繰上げ受給」があります。60〜65歳未満で年金を受給していて、途中で雇用保険の基本手当（失業手当）を受け取ると、年金はダメになります。「老齢基礎年金の繰上げ受給」だけは基本手当との併給（両方給付）はOKです。

では、65歳からはどうなのか

そもそも65歳からは、基本手当（失業手当）はありません。65歳からは、失業すると「高齢求職者給付金」に代わります。これは、一時金であり支給総額は基本手当のザックリ言って3分の1です。でも、併給は可能です。65歳から年金を支給されながら働き続け、66歳で失業すれば、年金と高齢求職者給付金の両方がもらえます。

ここで、時間差を利用した「年金」と「基本手当」の併給のヒントが生まれます。

65歳直前に退職する。そして、65歳を過ぎてから、基本手当の申請をする、というものです。

64歳で退職しても、「年金」がないので、「基本手当」だけです。

64歳9カ月で退職して「基本手当」を受け取ります。その最中に65

歳になれば、基本手当受給期間が残っていれば、それからは、「年金」と「基本手当」が併給されます。

それで、基本手当受給期間の残余期間を最大にするため、64歳11カ月で退職ということが、話題になっています。

しかし、マイナス点がいくつもあります。

①定年退職でないので、退職金が減額になるかも。

②自己都合退職になるので、受給期間が短くなるかも。

③退職した月の月給が減る。

④ハローワークに4週間に1回通う。

⑤基本手当をもらうとは、失業中。失業中でも健康保険料は払わなければいけない。

⑥気に入った就職先が見つかれば、基本手当はおしまい。

あれやこれやで、不確実な将来も含め、ものすごく複雑な計算・思考が必要となります。いわば、複雑・難解パズルです。複雑・難解パズルが大好きな方は、どうぞ考えてください。

どうも「64歳11月で退職して」という話は、「知恵の輪」や「パズル」のようなレベルにすぎないようです。実際に、そうしたという実例を聞いたことがありません。

第 8 章

公的年金

Q^{8-1}

年金額を増やせないでしょうか？

A^{nswer}

いろいろな手法があります。

低年金者の数は数百万人

老齢基礎年金のみの高齢者は約900万人です。月額3～5万円の人は約400万人と言われています。現実に、低年金者は大変な数です。

先日も、次のような問合せを受けました。

「58歳です。これまで、国民年金の掛け金の未払いが多くあって、どうやら65歳からの年金額は月額約4万円になりそうです。年金額を増加させる方法はないですか？」

年金の基礎知識

①公的年金は、2階建ての仕組みになっています。国民年金（基礎年金）と厚生年金の二つです。全ての国民は、国民年金の加入者（被保険者）となります。

図表8-1-1　　公的年金は2階建て

	厚生年金 （老齢厚生年金）	
国　　民　　年　　金 （基礎年金） （老齢基礎年金）		
第1号被保険者	第2号被保険者	第3号被保険者
（自営業者など）	（会社員・公務員など）	（第2号の被扶養配偶者）

②公的年金は２階建てですが、「私的年金」の「３階建て部分」がある人もいます。私的年金の加入の有無は、個人・企業の任意です。いろいろな私的年金があり、税制優遇措置をともなっています。

　　最近では、iDeCo（個人型確定拠出年金）が、さかんにPRされています。何事も、プラス面だけでなくマイナス面もあります。iDeCoのマイナス面もしっかり知って、加入の有無を判断して下さい。iDeCoのプラス面を詳しく書いた方が良いのかも知れませんが、銀行でもどこにでもパンフレットがありますし、書店にはズラリとiDeCo解説本が並んでいますので、止めておきます。

③国民年金の満額は、20歳〜60歳の40年間すべて支払って、65歳から年額約80万円（月額６万数千円）の受給です。受給資格は、受給資格期間が10年以上です。

年金額を増やす手法

①未納時期の保険料を、遅ればせながら納付する。

　　２年以内が原則ですが、２年以上でも可能のケースもあります。

② 60 〜 65 歳の期間、国民年金に任意加入する。

③付加年金。

　　毎月の掛け金に月額400円を上乗せする。２年間で元がとれます。長生きすれば、スゴイ利回りになります。

④国民年金基金に加入する。

　　予めご注意を。「付加年金」と「国民年金基金」の両方に加入することはできません。国民年金基金には付加年金が含まれているという考えです。

　　国民年金基金のイメージは、１号被保険者にも２階部分ができたというものです。

　　１号被保険者は、１階の老齢基礎年金だけです。それだけでは、少額なので、２階に国民年金基金（終身年金）をつくります。さらに、３階の年金を考えるならば、iDeCoということになります。iDeCo

第8章　公的年金　　197

の受け取り方法は、一時金もしくは有期年金（5〜20年）です。

　「iDeCoか、国民年金基金か、どっちが得か？」で悩む人がいます。これは、別種類のものを比べているわけで、悩んでも答えは出ません。国民年金基金は2階、iDeCoは3階です。

⑤繰下げ受給。

　老齢基礎年金も老齢厚生年金も、受給開始時期は原則65歳です。ただし、「繰上げ」、「繰下げ」が可能です。質問者が65歳からの受給ではなく、繰下げれば増額します。75歳まで繰り下げられます。

　質問者は、65歳からの受給なら月額4万円ですが、75歳まで繰下げますと、

　0.7％（増加率）× 12カ月 × 10年 ＝ 84％

　4万円 ×（1 + 0.84）＝ 7万3600円

　と言う計算で、75歳からの受給額は84％増の7万3600円になります。

⑥厚生年金加入の職場で働く。

　厚生年金は70歳まで加入できます。

なんにしても、健康を維持して、無理をせず、頑張ってください。

Q8-2

何歳から老齢年金をもらうのがいいでしょうか？

Answer

何歳で死ぬか分からないので、分かりません。

「繰上げ」、「繰下げ」の基礎知識

老齢基礎年金も老齢厚生年金も、受給開始時期は原則 65 歳です。ただし、「繰上げ」、「繰下げ」が可能です。

図表 8-2-1　　繰上げ受給と繰下げ受給

| 繰上げ受給 | 60 歳から | 減額：減額率 0.4%×繰上げ月数
（最大 24%= 0.4%× 12 カ月× 5 年） | 基礎と厚生は同時に行う |
| 繰下げ受給 | 75 歳まで | 増額：増額率 0.7%×繰上げ月数
（最大 84%= 0.7%× 12 カ月× 10 年） | 基礎と厚生は違ってよい。 |

①仮に、質問者の老齢年金が、老齢基礎年金だけで、65 歳からの受給にすれば、月額 6 万 5000 円とします。

質問者が 60 歳からの繰上げ受給ならば、最大 24％の減額となります。

4％× 12 カ月× 5 年 = 24％

6 万 5000 円×（1 − 0.24）= 4 万 9400 円

質問者が 60 歳から受給すれば、24％の減額となり、月額 4 万 9400 円となります。

計算は省略しますが、約 81 歳までに死亡すれば、得になります。

②質問者が 75 歳からの繰下げ受給ならば、最大 84％の増額となりま

第 8 章　公的年金　　199

す。

　　0.7％ × 12 カ月 × 10 年 ＝ 84％

　　6 万 5000 円 ×（1 ＋ 0.84）＝ 11 万 9600 円

　質問者が 75 歳から受給すれば、84％の増額となり、月額 11 万 9600
円となります。

　計算は省略しますが、約 87 歳以上生きれば、得になります。

③質問者が「何歳で死ぬか？」なんて、閻魔大王しか分かりません。
　だから、「年齢による分岐点」を考えるのではなく、常識的には、
　次のように判断します。

〇 60 歳の時、経済的にピンチなら、繰上げ受給を選択。

〇 65 歳の時、経済的にかなり余裕があれば、繰下げ受給を選択。

　　繰下げ受給のデメリット

㋐繰下げ受給によって、年金収入が増加します。老齢基礎年金だけ
　なら、さほどの問題は生じませんが、老齢厚生年金の場合は金額
　が大きいので、気をつけるべきことが発生します。年金収入が一
　定以上に増加すれば、所得税が発生します。それは、住民税にも
　直結します。さらに、公的医療保険（75 歳以上ならば後期高齢者医療
　制度）の保険料アップ、医療費負担が 1 割負担から 2 割負担・3 割
　負担へアップに連動します。介護保険も負担増になります。収入
　が増加するのですから当然のことです。

㋑加給年金（Q8-6 参照）が繰下げ期間中はゼロ。加給年金は、いわば
　「家族手当みたいなもの」です。繰下げ期間中はゼロになってしま
　います。

㋒怖い一括受給。繰下げ受給を選択したということは、お金に余裕
　があるからです。しかし、諸行無常で、急に、大金が必要になる
　場合もあります。その場合、過去 5 年間分をまとめて受給する「一
　括受給」ができます。でも、過去 5 年間分が 1,000 万円とすると、

所得税・住民税・医療保険料・介護保険料さらには延滞税まで支払うことになり、大雑把なイメージでは約200万円は納入することになります。

高齢になってから大活躍が、高齢社会の模範

「何歳で死ぬか？」は分かりませんが、「平均余命」なら分かります。なお、「平均寿命」とは、「0歳の平均余命」のことです。「平均余命」は、あくまでも平均です。

「何歳まで生きるか」よりも、「いかに生きるべきか」です。

余談かも知れませんが、木喰上人（1718〜1810）に関して一言。

木喰上人は、歌人、彫刻家です。

みな人の　心をまるく　まん丸に　どこもかしこも　まるくまん丸

79歳の時、この歌のような仏像を1000体彫ると決意しました。後世、「微笑仏」と称されました。80代は絶好調の最盛期でした。93歳、甲州で亡くなった。

もう一人。貝原益軒（1630〜1714）も晩年に大活躍した人物です。70歳で福岡の黒田範の役職を退き家督を養子に譲り、それから「貝原ワールド」とでも称する膨大な著作を書いた。一番有名なものが83歳の時の『養生訓』です。また、84歳の時の『大疑録』は、タブーである「朱子学への疑問」がテーマです。『大疑録』を書き終え、2カ月後に亡くなりましたが、彼の大活躍は70歳から84歳までの晩年でした。

「いかに生きるべきか」は、晩年の活躍に通じると思います。高齢になってから大活躍、それが高齢社会の理想的人物像です。

Q8-3

国民年金の毎月の掛け金が払えません。何か対応策はありますか？

Answer

保険料免除制度などがあります。そして、ケースによっては、秘策「世帯分離」があります。

保険料を払わないと、差し押さえ

①日本国内に住んでいる20歳以上60歳未満の人は、国民年金の第1号被保険者（自営業・無職など）、第2号被保険者（会社員・公務員など）、第3号被保険者（第2号の被扶養配偶者）のいずれかになります。

第1号被保険者は、毎月、国民年金の保険料を納める必要があります。

②2024年度（令和6年度）の保険料（月額）は、1万6980円です。収入の有無に関係なく、皆、同額です。金額は、毎年変わります。

③保険料の未払いを続けるとどうなるか。基本は65歳からの年金受給額が減少します。昔は、それだけでしたが、今は違います。

国民年金の未払いが続くと、最終的には「差押え」が実行されます。「差押え」までの流れは、「催告状」→「特別催告状」→「督促状」→「差押え予告」→「差押え」となっています。

ここで、「アレー？」と思う人も多いと思います。通常の民間の債権債務、あるいは、税金の場合は、「督促状」→「催告状」の順番で、「督促状」の段階は「単なるお願いで、そんなに焦らなくても良い」と覚えています。ところが、国民年金の未納は、「催告状」→「督促状」の順番になっています。だから、「なんじゃ、こりゃ」

となります。

　根本的には、「催告状」も「督促状」も同じです。タイトルだけなら「ご通知」でも良いのです。あくまでも、「書かれてある内容」です。

　ともかくも、普通は「督促状→催告状」の順番です。でも、国民年金は逆で「催告状→督促状」です。「♪なんでだろう〜なんでだろう〜♪」

　先日、「年金保険料なんて、払わない」と豪語していたユーチュバーが預貯金を差し押えられました。当然のことです。

図表 8-3-1　　国民年金保険料強制徴収の実施状況

	最終催告状 送付件数	督促状 送付件数	差押執行件数
令和5年度（令和5年9月末時点）	10万8,091件	5万2,849件	1万3,243件

出所：日本年金機構

保険料の支払い困難な場合の3制度

保険料の支払いが困難な場合は、次の3つの制度があります。

　㋐「保険料免除制度」（4段階あり）

　㋑「納付猶予制度」

　㋒「学生納付特例制度」

㋐「保険料免除制度」について

　保険料免除対象者は、「申請者本人」「申請者の配偶者」「世帯主」の前年所得が一定以下の場合、あるいは失業した場合など、保険料納付が困難になった場合です。申請により保険料が免除になります。

　注意してほしい点は、「申請者本人」「申請者の配偶者」「世帯主」の部分です。同一世帯の兄や姉や世帯主の配偶者などの所得は関係ありません。

　さらに言えば、普通の人は、図表8-3-2を読んでも、自分が免除制度

第8章　公的年金　　203

に該当するか否か、判断できるものではありません。必ず、早めに、市町村の窓口で相談しましょう。

また、失業した場合、天災の場合、障害者の場合なども、必ず、市町村・日本年金機構の窓口で相談しましょう。

なお、家計にゆとりができたら、保険料を「追納」できます。

図表 8-3-2　保険料免除制度（4段階の所得基準）

免除の種類	所得基準
1. 全額免除	（扶養親族等の数+1）×35万円+32万円
2. 4分の1納付 （4分の3免除）	88万円+（扶養親族等の数×38万円（注））+社会保険料控除額等
3. 半額納付 （半額免除）	128万円+（扶養親族等の数×38万円（注））+社会保険料控除額等
4. 4分の3納付 （4分の1免除）	168万円+（扶養親族等の数×38万円（注））+社会保険料控除額等

(注) 扶養親族が老人控除対象配偶者、老人扶養親族の場合は48万円、特定扶養親族の場合は63万円となります。

　　①「納付猶予制度」について

　前段の「保険料免除制度」の「全額免除」は、「申請者本人」「申請者の配偶者」「世帯主」が低所得の場合です。「納付猶予制度」は、「世帯主」が高所得でも大丈夫です。

　失業した場合、天災の場合、障害者の場合なども、「納付猶予」の可能なケースがあります。

　なお、家計にゆとりができたら、保険料を「追納」できます。

　　②「学生納付特例制度」について

　学生本人の所得が一定以下であれば、申請により、保険料を社会人になってから納める制度です。

　　秘策「世帯分離」で保険料全額免除

　たとえば、子（26歳）と父（50歳）の2人世帯を想定します。父は自

204

営業で、高額の所得があります。子は病弱のため、さほどの所得には至りません。子は自分の国民年金保険料を支払えません。本人が支払えない場合、世帯主が支払う義務があります。しかし、父（世帯主）は高所得でも、借金返済のため、子の保険料を支払う余力がありません。こうした場合、通常は、「納付猶予制度」を活用します。

それ以外に、「世帯分離」の手法もあります。

父と子が「世帯分離」する。父と子は世帯分離して、子は単身世帯に移行します。本人（子）は低所得、世帯主（子）も低所得となります。よって、保険料免除制度に該当することになります。世帯分離は住民票の窓口で無料で行えます。

それでは、「納付猶予制度」と「保険料免除制度の全額免除」の、どちらが得か？どちらも、⑦受給資格期間に入る、⑦保険料の追納が可能、は同じですが、追納しない場合は差がでます。

「納付猶予制度」…年金額に反映されない。

「保険料免除制度の全額免除」…2分の1が反映されます。

つまり、**世帯分離**で「**保険料免除制度の全額免除**」が、**断然お得**です。

Q8-4

産前産後の期間は、国民年金の保険料が免除と聞きましたが、本当ですか？

Answer

本当です

年金の「産前産後期間の保険料免除制度」

2014年（平成26年）4月から、厚生年金の「産前産後期間の保険料免除制度」がスタートしました。

2019年（平成31年）4月から、国民年金の「産前産後期間の保険料免除制度」がスタートしました。

届出が必要です。出産予定日の6カ月前から届出が可能です。

免除期間は、原則4カ月間。出産月の前月から4カ月間。多胎妊娠（双子以上）の場合は出産月の3カ月前から6カ月間。

老齢基礎年金を受給するとき、全額納付したものとして計算されます。

この制度のため、国民年金保険料は月額100円の値上げになりました。

繰り返しますが、届出が必要です

図表 8-4-1　　産前産後の国民年金保険料の免除期間

	3カ月前	2カ月前	前月	出産予定月	翌月	翌々月	3カ月後
単胎の母			○	○	○	○	
多胎の母	○	○	○	○	○	○	

出所：著者作成

若干の愚痴を。

平成26年4月から、厚生年金の「産前産後期間の保険料免除制度」がスタートしました。

平成 31 年 4 月から、国民年金の「産前産後期間の保険料免除制度」がスタート。

　なぜ、国民年金は 5 年遅れたのだろうか。社会保障の制度は、あっさり言えば、「変革期」「現在改革進行形」です。また、少子化対策も「現在進行形」です。だから、あれもこれも、ということで、バタバタしていた、ということかしら……。

年金だけでなく、医療保険料・介護保険料も免除になります。

　年金保険料が免除と強調しますと、頭が年金だけに行きがちです。年金だけでなく、医療保険料・介護保険料も免除されます。会社員は会社に「出産予定です。もうすぐ休業します」と言えば、会社が手続きしてくれますが、（市町村）国保の場合は、市町村役所へ手続きが必要です。お忘れなく。

Q8-5

「特別支給の老齢厚生年金」を支給されますか？

Answer

性別、生年月日によります。

特別支給の老齢厚生年金とは

①「特別支給の老齢厚生年金」は、「通常の老齢厚生年金」とは、別モノと思って下さい。老齢厚生年金の受給年齢は、現在65歳からです。しかし、かつては60歳でした。「特別支給の老齢厚生年金」は、60歳から65歳へ引き上げるための「経過的措置」です。「経過的措置」ですから、あと数年でなくなります。

②「特別支給の老齢厚生年金」の受給条件は、次のとおりです。

●老齢基礎年金の受給資格期間（10年）がある

●厚生年金に1年以上加入

●男性の場合…昭和36年4月1日以前に生まれたこと。

●女性の場合…昭和41年4月1日以前に生まれたこと。

③金額は、厚生年金の加入期間が長く、給与が高額であれば、高くなります。金額を知りたい人は、

「ねんきんネット」で調べる

「年金事務所」で尋ねる

「ねんきんダイヤル」0570－05-1165で尋ねる

④受給期間は60歳から65歳未満。65歳になったら、オシマイです。ただし、もらえるのに、手続きをしていないため、もらっていなければ、65歳以上でも一括請求できます。

⑤手続きは、受給資格の約3カ月前に「緑の封筒」が届きます。もし、

届かない、紛失の場合は、年金事務所で相談してください。「特別支給の老齢厚生年金」は、もらえるのに、もらっていない人が非常に多い制度です。

⑥時効は 5 年です。

図表8-5-1 「特別支給の老齢厚生年金」の本人の生年月日と受給年齢の関係

男	女	開始年齢	受給年齢
S.24.4.2 ～ S.28.4.1	S.29.4.2 ～ S.33.4.1	60 歳	60,61,62,63,64 歳
S.28.4.2 ～ S.30.4.1	S.33.4.2 ～ S.35.4.1	61 歳	61,62,63,64 歳
S.30.4.2 ～ S.32.4.1	S.35.4.2 ～ S.37.4.1	62 歳	62,63,64 歳
S.32.4.2 ～ S.34.4.1	S.37.4.2 ～ S.39.4.1	63 歳	63,64 歳
S.34.4.2 ～ S.36.4.1	S.39.4.2 ～ S.41.4.1	64 歳	64 歳

具体例

＜男性・昭和 33 年 7 月 1 日生まれ＞

図表を見れば分かるように、生年月日はクリアしています。受給資格期間 10 年、厚生年金 1 年以上があれば、受給できます。

＜男性・昭和 33 年 7 月 1 日生まれ。令和 6 年 7 月 15 日時点で、66歳になりました＞

66 歳なので、65 歳を過ぎています。図表のように、63 歳、64 歳の時に受給しているはずです。もし、もらっていなければ、63 歳、64 歳の 2 年分を一括請求します。時効は 5 年です。

参考までに

①たとえば、男性で昭和 28 年 2 月 2 日生まれの人は、令和 6 年 7 月 15 日時点で 71 歳です。この男性が、もし、手続き忘れで、もらっていないとしても、65 歳から時効 5 年間が過ぎているので、ジタバタしても、どうにもなりません。

②たとえば、女性で、昭和 33 年 2 月 2 日生まれの人は、令和 6 年 7

月15日時点で66歳です。この女性が、もし、手続き忘れで、もらっていないとすれば、65歳から時効5年間以内なので、一括請求しましょう。

③女性で公務員の場合は、図表8-5-1の男性の年齢となります。その他、「特別支給の老齢年金」については、「雇用保険との関係」「在職老齢年金」など複雑なことがありますが、年齢要件「男性の場合…昭和36年4月1日以前に生まれたこと」「女性の場合…昭和41年4月1日以前に生まれたこと」に該当する人は、「自分は、どうなのか」を考えてください。

Q8-6

「加給年金」って何ですか？　もらっていない人が多いと聞きますが。

Answer

老齢厚生年金に上乗せされる家族手当のようなものです。

年金の基礎知識

①もらえるのに、「届出」をしていないため、もらっていないモノで多いのは、「特別支給の厚生老齢年金」と「加給年金」です。

②公的年金の中心は、国民年金（老齢基礎年金）と厚生年金（老齢厚生年金）です。そして、老齢（原則65歳）になると年金を受給します。それだけでは不十分なので、障害年金と遺族年金があります。

③老齢基礎年金の受給額は、20歳〜60歳までの40年間、保険料を満額収めた人で、年間約80万円です。

④老齢厚生年金の受給金額は、複雑な計算が必要です。原則公式は

老齢厚生年金の年金額＝報酬比例部分＋経過的加算＋加給年金

です。この公式の本体部分は、「老齢厚生年金の年金額≒報酬比例部分」です。「経過的加算」と「加給年金」は、「プラスα」です。

報酬比例部分の計算式は複雑なので省略します。毎年、誕生月に届く「ねんきん定期便」、あるいは日本年金機構の「ねんきんネット」の数字で計算します。分からなければ、市町村の年金窓口、全国各地の年金事務所でお尋ねください。

⑤経過的加算…厚生年金は、義務教育卒業から70歳まで加入できます。年金改革によって、「1階部分の共通化」によって、義務教育

第8章　公的年金　　211

卒業〜19歳、61歳〜70歳までの間が、老齢基礎年金に反映できなくなりました。それで生まれたのが、「経過的加算」です。日本年金機構が自動的に計算して、多い人で年間数万円、大半の人は年間数千円、年間数百円です。「経過的」ですから、いずれ無くなります。

⑥加給年金…老齢厚生年金に上乗せされる家族手当のようなもので、「届出」の必要があります。「届出」していない人が多数います。関連する「振替加算」もお忘れなく。

　以下の説明は、夫（男）が被保険者とします。むろん、妻（女）がしっかり稼ぎ、夫（男）が髪結の亭主でもかまいません。

加給年金の受給要件

厚生年金保険の被保険者期間が20年以上で、65歳に達した時点で、「生計を維持」されている者（図表8-6-1）。

イメージでは、

夫が65歳になり老齢厚生年金を受給するようになった。妻は55歳で年収100万円である。妻は配偶者控除の対象となっています。

こうした場合、夫の老齢厚生年金に「加給年金」が上乗せされます。

このイメージは間違いないのですが、「妻の年収が800万円の場合は、どうなるか」で錯覚を起こしがちです。「生計を維持」の用語で、間違いを起こしがちです。「生計を維持」とは、「年収850万円未満、所得655万5000円未満」であればいいのです。妻の年収が700万円、800万円の場合は、加給年金はない、と思い込んでいて、「届出」をしない人が多いのです。

加給年金の対象者・加給年金額

加給年金の対象者及び金額は図表8-6-1のとおりです。

年金受給者が65歳で子供が18歳未満というケースは、非常に少ないと思います。つまり、加給年金は「年下の妻」というケースがほとん

どです。

　それから、配偶者の加給年金額は、老齢厚生年金を受けている人の生年月日に応じて、特別加算があります。

図表 8-6-1　加給年金額（令和 6 年 4 月から）

対象者	加給年金額	年齢制限
配偶者	234,800 円	65 歳未満 （大正 15 年 4 月 1 日以前に生まれた配偶者には年齢制限なし）
1 人目・2 人目の子	各 234,800 円	18 歳到達年度の末日までの間の子 または 1 級・2 級の障害の状態にある 20 未満の子
3 人目以降の子	各 78,300 円	18 歳到達年度の末日までの間の子 または 1 級・2 級の障害の状態にある 20 歳未満の子

図表 8-6-2　配偶者加給年金額の特別加算額（令和 6 年 4 月から）

受給権者の生年月日	特別加算額	加給年金額の合計額
昭和 9 年 4 月 2 日から昭和 15 年 4 月 1 日	34,700 円	269,500 円
昭和 15 年 4 月 2 日から昭和 16 年 4 月 1 日	69,300 円	304,100 円
昭和 16 年 4 月 2 日から昭和 17 年 4 月 1 日	104,000 円	338,800 円
昭和 17 年 4 月 2 日から昭和 18 年 4 月 1 日	138,600 円	373,400 円
昭和 18 年 4 月 2 日以降	173,300 円	408,100 円

加給年金の支給停止

　2022 年（令和 4 年）4 月より、配偶者が状況によっては加給年金が支給停止になるケースが生まれました。複雑多岐なので記載を省略します。

振替加算

＜妻が年下のケース＞

　たとえば、夫が老齢厚生年金を受給していて、妻は若いので加給年金の対象者であった。その妻が 65 歳になった。加給年金は打ち切りとなります。このとき、妻が老齢基礎年金を受ける場合、一定の条件が満たされていれば、打ち切られた加給年金と似たような金額が、妻の老齢基礎年金に加算されます。これを振替加算といいます。

第 8 章　公的年金　213

＜妻が年上のケース＞

　たとえば、妻が年上で65歳から老齢基礎年金を受給している。3年経過して、夫が65歳になり老齢厚生年金を受給するようになった。すると、妻の老齢基礎年金に振替加算がつきます。この場合の手続きは、妻が65歳の時の手続きから、用心深く書いてください。

　繰返しですが、加給年金、振替加算については、くれぐれも「手続き」「届出」を、慎重に行ってください。

参考までに、言葉の整理整頓
「生計を共にする」…住民票の「世帯」で使用。
「生計を一にする」…所得税・住民税の「扶養控除」で使用。
「生計を維持されている」…老齢厚生年金の「加給年金」で使用。
行政では、言葉が異なれば、意味も異なります。

Q^{8-7}

公的年金の将来はどうなりますか？

Answer

給付水準が、現在より8％程度、低下します。

財政検証

年金の将来に関しては、5年に1回発表される年金の「財政検証」が基礎資料です。直近の財政検証は2024年（令和6年）7月3日に発表されました。将来は未定・不確実ですから、あくまでも、「予測」です。

財政検証の基本は、「**所得代替率**」です。

所得代替率＝（夫婦2人の基礎年金＋夫の厚生年金）÷（現役男子の平均年収）

61.2％＝（13.4万円＋9.2万円）÷（37.0万円）

2024年度の所得代替率は**61.2％**です。それが、「将来どうなるか？」が財政検証のテーマです。

どのケースでも低下

政府の大方針は、所得代替率が「50％以上」です。

2024年は61.2％ですが、どのケースでも低下、つまり、「必ず年金水準は低下」します。それが事実です。

どの程度低下するか。将来の所得代替率を57と仮定すると、[57 ÷ 61.2 = 0.918]の計算で、現在の61.2の約92％となります。現在より約8％低下します。

第8章　公的年金　215

図表 8-7-1　財政検証の抜粋

	物価上昇率	賃金上昇率（実質<対物価>）	実質経済成長率	人口1人当り実質経済成長率	将来の所得代替率
高成長実現ケース	2.0%	2.0%	1.6%	2.3%	56.9% (2039)
成長型経済移行・継続ケース	2.0%	1.5%	1.1%	1.8%	57.6% (2037)
過去30年投影ケース	0.8%	0.5%	▲0.1%	0.7%	50.4% (2057)
1人当りゼロ成長ケース	0.4%	0.1%	▲0.7%	0.1%	37〜33% (2059)

※所得代替率の下の年は、マクロ経済スライド（給付水準を自動的に低下させる）の終了年。年金の財政均衡が達成されると終了。

「ケシカラン」「何とかしろ」と怒っても、事実は変わりません。「莫大な税金投入」（国債たる借金増額）を叫ぶ議員・評論家がいますが、幻想に過ぎません。

どうするか？

●投資なり貯蓄で、老後のために「2,000万円を確保」する。それが可能な人は、是非、実行してください。

●基本は、「高齢者も働く」になります。「年金＋給与」の時代になりました。「お金が不足しているから働かざるを得ない」ケース、「お金はあるが、健康・生きがいのため働く」ケース、人生いろいろですが、どうやら「年金＋給与」の時代になりました。

しかし、稼ぎ過ぎて、住民税非課税限度額という「落とし穴」にハマらないようにしてください。全世帯の4分の1が住民税非課税世帯です。住民税非課税世帯には、様々な優遇措置が講じられています。稼ぎ過ぎて、住民税非課税限度額を超えてしまうと、優遇措置が小さくなってしまいます。ケースによっては、天国と地獄の差です。

Q8-8

在職老齢年金（50万円の壁）は、どうなりそうです
か？

Answer

どうやら撤廃の方向らしい。

在職老齢年金の推移

65歳以上で、給与を得ながら老齢厚生年金を受給する場合、「年金＋
給与」が一定以上の金額になると、老齢厚生年金の一部または全額が停
止される仕組みを在職老齢年金という。

図表8-8-1　在職老齢年金の支給停止基準額の推移

	2022年（令和4年）3月まで	2022年（令和4年）4月から	2023年（令和5年）4月から	2024年（令和6年）4月から
65歳未満	28万円超	47万円超	48万円超	50万円超
65歳以上	47万円超	47万円超	48万円超	50万円超

出所：著者作成

約20年前は、「あなたは年金を受給するから、給与が少ない方がベタ
ーです。今までと同じ出勤日数だと年金が停止されます。だから、出勤
日数を半分にしましょう」と、当たり前のように言われていました。そ
の背景の説明は省略して、約10年から、「保険料を真面目に満額支払っ
てきたのに、年金受給額をカットするとは、変じゃないか」という雰囲
気が強くなってきました。

ここ数年の支給停止基準額の推移を眺めても、なんとなく「ある方
向へ」動いているようです。

「年金＋給与」が大きければ、年金カットは当然だ、「在職老齢年金の

第8章　公的年金　　217

廃止なんて金持ち優遇だ」という声が、結構大きかったのです。しかし、歳月とともに「保険金を支払ったのに、年金カットは変だ」という声の方が大きくなったのではないでしょうか。私の知り合いのタクシードライバーが３人も年金カットになってしまい、それにこりて、今年は、勤務日数を大幅に減らしています。ドライバー不足なのに、ますます不足を助長させています。

それと、在職老齢年金のカットに対し、それを「かわす」ワザが、知られるようになりました。拙著『やっとわかった！「年金＋給与」の賢いもらい方』（中央経済社）でも書いたことです。そんなことが、在職老齢年金撤廃の流れをバックアップしたのではないでしょうか。

財政検証でも

2024 年（令和 6 年）7 月 3 日に公表された、年金の「財政検証」では、在職老齢年金を撤廃した場合の影響が解説されています。まあ、一長一短ですが、その後の報道からすると、どうやら撤廃の方向のようです。ただし、一挙に撤廃ではなく、とりあえずは、基準額を段階的に引き上げて、支給停止者数を漸減させていくのではないでしょうか。支給停止者数ですが、基準額が 47 万円の時は約 50 万人、基準額を 65 万円に引き上げると、約 25 万人に減少すると推計されています。それから、スッキリ撤廃になるのではないでしょうか。

Q8-9

遺族年金の改正が予定されていますが、どんな内容
ですか？

Answer

遺族年金は複雑です。2025 年（令和 7 年）の通常国
会に改正案が提出される予定です。改正内容も複雑
です。

遺族年金も 2 階建て

公的年金制度は、「老齢年金」に加えて、「遺族年金」と「障害年金」
があります。この 3 つが、公的年金の基本です。

「遺族年金」も、「遺族基礎年金」と「遺族厚生年金」の 2 階建てとな
っています。

遺族年金は申請手続きが必要です。葬儀・相続などでテンヤワンヤ
ですが、遺族年金は複雑ですから、必ず、役所又は年金事務所に相談に
行きましょう。

「身近な人」が亡くなる前後に、誰しも「相続」のことはチラと考
えます。でも、「遺族年金」のことは、配偶者以外は考えないようです。
「身近な人」が亡くなったら、「相続」と「遺族年金」を必ず考えてくだ
さい。

でも、遺族年金は複雑です。一応、考えて、解説文を読んでも、普
通人は「分かるような、分からないような」気分になるだけです。した
がって、「身近な人」が亡くなったら、必ず、役所又は年金事務所に相
談に行きましょう。これが、遺族年金の秘策です。

遺族基礎年金

死亡者に「生計を維持」されていた「子のある配偶者」です。配偶
者がいない場合は「子」です。子がいない場合は、要するに遺族基礎年

第 8 章　公的年金　219

金は「なし」です。

　子とは、「18歳になった年度の3月31日までの子」です。障害等級1級・2級の場合は20歳未満です。したがって、「子」が成長すると遺族基礎年金は無くなります。

　今回予定されている遺族年金の改正案には、遺族基礎年金はありません。したがって、変化なしと推測します。

図表 8-9-1　遺族基礎年金の年金額（令和6年4月分から）

子のある配偶者 が 受け取るとき	昭和31年4月2日以後生まれの人（67歳以下） 816,000円＋子の加算額 昭和31年4月1日以前生まれの人（68歳以上） 813,700円＋子の加算額
子が受け取るとき	1人当りの額＝（816,000円＋2人目以降の子の加算額）÷（子の数）
子の加算額	1人目及び2人目の子の加算額は各234,800円 3人目以降の子の加算額は各78,300円

出所：日本年金機構ＨＰより

遺族厚生年金の対象者

　遺族基礎年金は、「子」の存在が絶対条件ですが、遺族厚生年金は「子」がいなくても受給できます。

　遺族厚生年金は、厚生年金加入者あるいは老齢厚生年金受給者が亡くなった場合、「生計を維持」されていた「遺族」に支給されます。

　遺族厚生年金の要件等は、他にもありますが省略します。年金制度、とりわけ遺族厚生年金は複雑なので、「身近な人」が亡くなったら、役所や年金事務所で必ず相談しましょう。

◎「生計維持」について

　「生計維持」の収入要件は、年収850万未満または所得655万5千円未満です。配偶者で500万円、600万円を稼いでいる人の中には、所得

税の扶養控除と勘違いして、自分は遺族年金をもらえない、と思っている人がいます。「生計を維持」「生計を一にする」「生計を共にする」は、行政用語では異なりますので、注意してください。

それから、今回の改正案には、収入要件（年収850万円、所得655万5千円）の撤廃が盛り込まれる可能性が高いです。遺族厚生年金を受給するために、働くことを抑制する動きをゼロにしたいのです。

◎「遺族厚生年金」の対象者

遺族厚生年金の対象者の詳細な条件は省略します。受給対象者の順位は、次のとおりです。

1　子のある配偶者
2　子
3　子のない配偶者…ここが改正の焦点です。
4　父母
5　孫
6　祖父母

◎年金額

年金額は、死亡者の老齢厚生年金の報酬比例部分の4分の3です。配偶者自身が老齢厚生年金を受給する場合は、別の計算になります。

なお、老齢厚生年金の報酬比例部分について。厚生年金は、2階建てです。1階が国民年金（定額部分）、2階が厚生年金（報酬比例部分）です。

◎中高齢寡婦加算

遺族厚生年金の加算給付の1つです。夫が死亡したときに、40歳以上で子のない妻（子がいたが40歳の時はいない妻を含む）には、40歳から65歳までの間、加算されます。年額61万2千円です。妻が65歳になると、老齢基礎年金が受けられるため、中高齢寡婦加算はなくなります。

この「中高齢寡婦加算」は、改正の焦点です。

第8章　公的年金　　221

現行の遺族厚生年金で変な部分の改正

　大雑把に言うと、⑦「子がない人」だけの改正、⑦すでに受給している人は関係なし、です。

①現行では、30歳以上で未亡人になった場合は、子どもの有無にかかわらず、生涯、遺族厚生年金が支給されます。しかし、30歳未満で未亡人になり、子どもがいないと、5年間だけの支給です。

　　昔は、女性は30歳以上になったら、「再婚できない、仕事もない」が普通だったのです。30歳未満なら「再婚可能・仕事もある」から、5年間だけ遺族年金を支給するから、頑張れ、でした。

　　しかし、時代が変わった。今や結婚適齢期は「30歳以上」という感じです。仕事もバリバリあります。

　　改正の方向は、「30歳未満・子のない妻は有期5年間」を、「60歳未満・子のない妻は有期5年間」に、というものです。

②遺族厚生年金は夫に不利になっています。「専業主夫」は、「専業主婦」に比べ、著しく不利になっています。

　　それで、「60歳未満・子のない妻は有期5年間」と同様に「60歳未満・子のない夫は有期5年間」とする案が出ています。

③男性にとって改正案は有利です。改正案が成立すると、すぐに「60歳未満・子のない夫は有期5年間」は実行されるようです。女性の場合は、「30歳未満」を「60歳未満」になるので不利です。一挙に「30歳から60歳」は急すぎるので、数十年かけて段階的に年齢を引き上げる案のようです。

④中高齢寡婦加算は妻だけの制度なので、廃止の方向

⑤受給者の年収要件、「生計維持の年収850万円」は、廃止の方向

⑥遺族厚生年金の金額アップ。アップ内容は不明です。

⑦現在、遺族厚生年金を支給されている人は、変化なし。

　なんにしても、複雑な遺族厚生年金の改革ですから、「まっとうな議論」よりも「誤解だらけの議論」が横行する可能性が大です。

Q8-10

寡婦年金とは何か。遺族年金とどう違うのですか？

Answer

生活の大黒柱が亡くなった場合、遺族の生活を支えるのが遺族年金です。遺族年金が基本で、寡婦年金は極めて限定的です。

遺族年金は基本、寡婦年金は限定的

Q8-9 の冒頭でも述べましたが、公的年金制度は、「老齢年金」に加えて、「遺族年金」と「障害年金」があります。この3つが、公的年金の基本です。

寡婦年金は、遺族年金の足らざる部分を補足する限定的な制度です。逆に言うと、遺族年金を支給されている人は、寡婦年金はダメです。

遺族年金も寡婦年金も、申請手続きが必要です。遺族年金も寡婦年金も、複雑ですから、必ず、役所又は年金事務所に相談に行きましょう。とりわけ、寡婦年金は忘れがちです。

寡婦年金の要件

当たり前ですが、夫が死亡した。

たとえば、その夫は50歳でなくなった。そして、国民年金の第1号被保険者（自営業者など）であった。保険料は10年以上支払っていて、65歳になれば、老齢基礎年金を受給できる権利を有していた。年金をもらえる権利があるのに、もらわずに亡くなったのである。

49歳の妻（10年以上継続的婚姻関係あり）が残された。子どもはいない。子どもがいれば、「遺族基礎年金」の対象ですが、子どもいないので、その選択肢はない。

49歳の寡婦は、「寡婦年金」と「死亡一時金」のどちらかを選択する

第8章　公的年金　223

ことになります。

　死亡一時金は、最高額で 32 万円です。したがって、通常は、「寡婦年金」を選択します。

　寡婦年金の要件は、㋐夫が第 1 号被保険者で、老齢基礎年金の受給権がある、㋑子どもがいない、㋒婚姻関係 10 年以上、です。

　それから、妻が「繰上げ支給の老齢基礎年金」を受けている場合は、寡婦年金は支給されません。

寡婦年金の支給期間

　妻が 60 歳から 65 歳の間、支給されます。60 歳になるまで、待つことになります。申請手続きは、夫の死亡から 5 年以内です。忘れずに、市町村の年金窓口へ行きましょう。

　なお、夫死亡時に妻が 63 歳の場合は、63 〜 65 歳だけの支給となります。

　妻は 65 歳からどうなるか。妻自身の老齢基礎年金を受給します。

寡婦年金の支給額

　夫が支給される老齢基礎年金の 4 分の 3 です。

死亡一時金

　寡婦は「寡婦年金」か「死亡一時金」の選択になりますが、「死亡一時金」が、最高額でも 32 万円なので、普通は「寡婦年金」を選びます。

　しかし、以下のような理由で「寡婦年金」がダメな場合でも、「死亡一時金」はもらえます。

　・妻が老齢基礎年金の繰上げ支給を受けている

　・妻が特別支給の老齢厚生年金をもらっている

　・夫に厚生年金の加入期間があって妻が遺族厚生年金をもらう

　こうした場合は、「死亡一時金」をもらいます。

Q8-11

障害年金の大改正が、2025年（令和7年）に予定されています。どんな内容ですか？

Answer

「障害厚生年金」を多くの人が受給しやすくなる方向への大改正です。

現行制度の概略

年金制度は、老齢年金、遺族年金、障害年金の3つが基本です。

障害年金も、「障害基礎年金」と「障害厚生年金」の2階建てです。障害年金では「初診日」が、ものすごく重要です。

◎障害基礎年金

㋐初診日が国民年金加入期間にある。

㋑「保険料の納付要件」を満たしている。

原則は、初診日の2カ月前までの被保険者期間で、保険料納付期間と免除期間が3分の2以上ある。

特例として、初診日の2カ月までの直近1年間に未納がない。

㋒障害の状態が、障害等級表の1級または2級に該当している。なお、この等級は障害手帳の等級とは異なりますので、勘違いしないでください。

㋐㋑㋒を全て満たせば、障害基礎年金（国民年金・1階）を受給できる。

図表8-11-1　障害基礎年金の年金額（令和6年度）

| 1級 | 1,020,000円　＋子の加算 |
| 2級 | 816,000円　＋子の加算 |

※子の加算額は、1人につき234,800円、3人目からは78,300円。

第8章　公的年金　　225

◎障害厚生年金

　㋐初診日が厚生年金の被保険者である。

　㋑初診日の前日において、保険料の納付要件を満たしている。

　㋒障害の状態が、障害等級表の1級から3級に該当している。

　㋐㋑㋒を全て満たせば、障害厚生年金（厚生年金・2階）を受給できます。3級よりも軽い障害の場合は一時金「障害手当金」が支給されます。

図表 8-11-2　障害厚生年金の年金額（令和6年度）

	厚生年金（2階部分）	国民年金（1階部分）
1級	障害厚生年金（1級） 報酬比例の年金額×1.25 +配偶者の加給年金	障害基礎年金（1級） +子の加算
2級	障害厚生年金（2級） 報酬比例の年金額+配偶者の加給年金	障害者基礎年金（2級） +子の加算
3級	障害厚生年金（3級） 報酬比例の年金額	ナシ
障害手当金	（報酬比例の年金額×2）を一時金として支給	ナシ

※配偶者の加給年金は 234,800 円。

障害年金の問題点と改正の方向性

「年金額が少ない」という声があります。それに対して、外国と比較しても、似たような水準という意見があります。それに、年金の財源は、老齢・遺族・障害はひとつの財布になっていますから、障害を大幅アップすれば、老齢・遺族をダウンしなければならないというゼロサムゲームなので困難という意見もあります。それならば、障害年金は老齢・遺族と完全に切り離して、全部税金の新制度を創設という意見もありました。そうなると……増税はイヤだ、ということで、おしゃべりレベルの意見になってしまいます。

　関係者が「問題だ」と等しく感じていたことがあります。

　「初診日」です。

私が見聞きした例ですと、元気で退職した。次の就職を決めるまで、時間がたっぷりあるので、グアム島へレジャーに行った。そして、大怪我をした。障害厚生年金はダメでした。国民年金に加入していなかったので、障害基礎年金もダメでした。初診日に、どの年金にも加入していなかったからです。

　そこで、現時点（2024年8月）では、次のような改革の方向性が議論されています。2025年の通所国会には法案が提出される予定です。
　①会社を退職して、「少々の期間内」の初診日ならば、障害厚生年金をOKとする。
　②会社勤務が「長期間」であれば、退職後の初診日は、すべてOKとする。

初診日不明問題

　「初診日」問題に関して、私の相談経験では、「初診日が不明」というケースがありました。
　高校生の時、「体がダルイ、登校したくない」で、不登校を繰り返しました。内科へは行きましたが精神科へは行ったことがありません。20歳になっても、そんな状態が続き、アルバイトをしても、せいぜい数カ月しか続きませんでした。だから、国民年金の保険料も払ったり、払わなかったり、でした。30歳頃、初めて精神科へ行きました。そこの精神科へも行くのを止めてしまいました。35歳になって、別の精神科へ行くようになりました。さあ、「初診日」はいつでしょうか？
　もし、高校生の時の内科が初診日なら、20歳前の発症で、保険料未払いでも障害年金をもらえるのではないでしょうか。
　30歳の時の精神科が初診日なら、保険料納付要件がクリアできないので、障害年金はダメです。
　35歳の今から、きちんと1年間支払って、36歳になって、別の精神科へ行って、その日を「初診日」とすることは可能ですか。

そうこうしていたら、その相談者は転居してしまい、「行方知れずに
なりにけり」。
　精神疾患の場合、こうした「初診日不明」が多いのではないでしょ
うか。

Q8-12

市区町村の心身障害者福祉手当は、身体・知的に比べ精神は金額が少なかったり、ゼロだったりしています。なぜですか？

Answer

政治家の関心が薄いのだろう

障害者対策

年金と少し外れますが、障害者の手当について、述べます。障害者対策は、年金制度、保健福祉の各施策、雇用施策など多岐にわたります。手当に関しては、国及び都道府県の各種手当があります。そして、各市町村独自の「心身障害者福祉手当」もあります。

障害者総合福祉法（2013年、障害者自立支援法が改正された法）の原則の一つは「三障害一元化」です。

心身障害者福祉手当

この手当は各市町村独自の手当です。独自ですから、財政的に厳しい市町村は「手当なし」もあります。そうした所はさておいて、心身障害者福祉手当を設けるならば、「三障害一元化」の原則からして、身体・知的・精神の三障害は平等な額でなければなりません。

さいたま市（月額5,000円）、神奈川県平塚市（月額3,000円）、千葉市（月額5,000円）は、三障害は平等な金額となっています。

ところが、東京都の立川市と八王子市は、精神がスッポリ抜けています。一体全体、これはナンだ。精神へのあからさまな差別ではないか。

もう10年以上も前ですが、私は23区でも、精神がスッポリ抜けていることに気が付きました。その是正を求めて動き回っていたら、2011年（平成23年）から、杉並区は精神にも手当を出すようになりま

した。そして、他の区でも杉並を見習いました。当時の金額よりは、若干増額はされましたが、精神は低額という差別は明らかです。

都の責任

そもそもは、「東京都心身障害者福祉手当に関する条例」にあると思います。第1条が、都は都内の区市町村と一体になって、心身障害者福祉手当を実現する。第3条が、別表の総額を負担するとあります。別表を簡略した図表を掲載します。条例は1974（昭和49年）にできたものです。なぜ、その後、改正して、精神を追加しなかったのでしょうか。

それと思うのは、身体・知的に月額15,500円を助成できるということは、東京都はいっぱいお金があるということです。東京オリンピックの赤字が数百億円でも数千億円でも、「へのかっぱ」だから、精神にも15,500円支出なんか、どうにでもなる額です。金があるのに、やらない。やはり、関心が薄いのでしょう。

図表 8-12-1　立川市の心身障害者福祉手当（2024年4月1日）

	市独自＋都から分 （ともに月額）		市独自　都からナシ
身障手帳1〜2級	6,000円＋15,500円	身障手帳3〜4級	4,500円
愛の手帳1〜3度	6,000円＋15,500円	愛の手帳4度	4,500円
脳性麻痺	6,000円＋15,500円		
進行性筋萎縮症	6,000円＋15,500円		

出所：立川市ＨＰより

図表 8-12-2　杉並区の心身障害者福祉手当（2024年4月1日）

	区独自＋都から分		区独自、都からナシ
身障手帳1〜2級	1,500円＋15,500円	身障手帳3級	11,500円
愛の手帳1〜3度	1,500円＋15,500円	愛の手帳4度	11,500円
脳性麻痺	1,500円＋15,500円		
進行性筋萎縮症	1,500円＋15,500円		
精神障害1級	5,000円		

出所：杉並区ＨＰ

図表 8-12-3　練馬区の心身障害者福祉手当（2024 年 4 月 1 日）

	左は区独自 右は都から		区独自、都からナシ
身障手帳 1～2 級	15,500 円	身障手帳 3 級	10,000 円
愛の手帳 1～3 度	15,500 円	愛の手帳 4 度	10,000 円
脳性麻痺	15,500 円		
進行性筋萎縮症	15,500 円		
精神障害者 1 級	10,000 円		

図表 8-12-4　東京都条例の簡略した別表

	月額
身体障害者 2 級以上	15,500 円
知的障害者が中度以上	15,500 円
脳性麻痺	15,500 円
進行性筋委縮症	15,500 円

Q8-13

精神疾患の状況は、どうなっていますか？

Answer

精神病院入院患者は、相変わらず多いです。

5大疾病

年金から外れますが、悪しからず。どんな疾病も、長い歳月の過程があります。身体の中に隠れていたり様々なリスクが重なり合って、ある日、発症します。精神疾患も同じです。だから、予防が重要です。気分転換、ストレス解消、信頼できる相談相手……。

図表 8-13-1　5大疾病

	患者数 （平成 20 年調査）	死亡数 （平成 21 年人口動態統計）
がん	152 万人	34 万人
脳血管疾患（脳卒中など）	134 万人	12 万人
虚血性心疾患（心筋梗塞、狭心症）	81 万人	18 万人
糖尿病	237 万人	1.4 万人
精神疾患	323 万人	1.1 万人

日本は精神病院・精神病床が、異常に多い。

2021 年（令和 3 年）、日本の精神病床数は 32 万人分、入院患者者は 27 万人です。入院患者数は最高時の 34 万人に比べれば、7 万人減少しています。

減少していますが、病床数・入院患者数の国際比較では、日本は異常に多いのです。千人当りの数では、日本は先進諸国の 4 〜 5 倍という異常さです。2 〜 3 割、多いというのではありません。滅茶苦茶、多

232

いのです。

　ベルギーは病床数・入院患者数は多い国ですが、日本はベルギーの2倍という数字です。

　世界でも1960〜70年代までは、精神疾患対策として隔離収容が一般的でした。その後、急速に、「地域ケア→在宅ケア」に転換されました。しかし、日本では精神病院は増加一辺倒でした。

『むかしMattoの町があった』

　イタリア映画『むかしMattoの町があった』は、精神病院全廃に取り組んだ医師の悪戦苦闘のストーリーです。イタリア語「Matto」とは、「狂っている」という意味です。

　今でも、「イタリアでは精神病院を全廃した」と話すと、「嘘だろう」「あり得ない」という反応ばかりです。しかし事実、1978年、イタリアで世界初の精神病院廃絶法が施行されました。

　『むかしMattoの町があった』はイタリアでは連続テレビ番組で、視聴率20%超の大関心番組でした。日本では、自主上映運動が続けられましたが、どの程度の人数が見たのでしょうか。今は、DVDで販売、レンタルされています。

　いつになったら、「むかし精神病院なるものが、あった」になるでしょうか。

　日本の精神疾患対策は、ものすごく遅れているのです。

　日本でも、約10年前から、病院から地域・在宅の方向は定められました。しかし、その歩みは、のろい。「のろさ」への批判も、ほとんどありません。

　なぜでしょうか。

第8章　公的年金　233

Q8-14

障害年金をもらえる障害程度にもかかわらず、もらっていない人はどの程度いるのですか？

Answer

精神障害で多い、と推理します。

日本の現状

日本の総人口1億2千万人の内、程度の差は別にして障害者数は、1,160万人います。つまり、約1割がなんらかの障害を持っているということです。

障害者手帳および自立支援給付等を受けている総数は、約640万人です。総人口の約5%です。

障害年金の受給者数は、約44万人です。総人口の0.3～0.4%です。

障害が重いにもかかわらず、障害年金をもらっていない

怪我や病状があきらかに障害年金を受給できる程度です。でも、初診日の件、保険料納付の件などで、障害年金をもらっていない人は、どのくらい、いるでしょうか。数百人か、数千人か、数万人か。いろいろ調べてみましたが、分かりません。

私の直観では、精神疾患で多いような気がします。

2025年（令和7年）に、障害厚生年金が受給しやすいように改正される見込みですが、それで救済されるのは一部分ではないでしょうか。

図表 8-14-1　障害者数（推計）　　　　　　　　　　　　　　　　　　（単位：万人）

	総数	在宅者数	施設入所者数
身体障害児・者	436	429	7
知的障害児・者	109	96	13
精神障害者	615	586	29

出所：内閣府『令和 5 年版障害者白書』

図表 8-14-2　障害者手帳等

身体障害者手帳	429 万
療育手帳（知的障害者の手帳）	96 万
精神障害者保健福祉手帳	84 万
手帳非所持でかつ自立支援給付等を受けている者	34 万

出所・『内閣府：参考資料・障害者の状況』の「2016 生活のしづらさなどに関する調査」より

図表 8-14-3　障害年金の決定区分件数（令和 4 年度）

決定		区分	件数
新規裁定	障害基礎年金	1 級	13,071
		2 級	61,073
		非該当	7,552
	障害厚生年金	1 級	4,270
		2 級	18,935
		3 級	21,652
		障害手当金	280
		非該当	2,452
再認定	障害基礎年金	継続	219,210
		増額	4,171
		減額	2,331
		支給停止	3,327
	障害基礎年金	継続	87,935
		増額	4,214
		減額	2,647
		支給停止	2,322

出所：障害年金業務統計（日本年金機構・令和 5 年 9 月）より

第 8 章　公的年金　235

Q8-15

専業主婦が離婚したら、年金はどうなりますか？

Answer

年金が分割されます。2年以内の手続きが必要です。

合意分割

昔は、専業主婦が離婚すると老齢基礎年金だけでした。しかし、2007年（平成19年）からは、分割制度がスタートしました。「合意分割」と「3号分割」があります。

合意分割は、当事者の合意、または、裁判で、分割割合を決めることです。分割できる年金は、結婚期間中の厚生年金記録（標準報酬月額・標準賞与月額）の2分の1までです。

決まったら、離婚から2年以内に年金事務所に手続きをする必要があります。

3号分割

2008年（平成20年）以降に、第3号被保険者の期間がある場合は、その期間の厚生年金記録（標準報酬月額・標準賞与月額）の2分の1が分割できます。第3号被保険者とは、厚生年金に加入している第2号被保険者に扶養されている配偶者で、年収130万円未満の主婦（主夫）です。当事者の合意は不必要です。ただし、離婚後、2年以内に年金事務所に手続きする必要があります。

なお、離婚の事前話し合いで、年金事務所に請求して「年金分割のための情報通知書」を送ってもらって、データを知ることができます。

236

第９章

借金処理

Q^{9-1}

借金処理の極意は？

Answer

事実を認め、事実を告白する。それで 99％解決です。

任意整理と法的整理

民間人（法人）と民間人（法人）の金の貸し借りは、当事者同士で合意になれば、それで OK となります。それが、任意整理（私的整理）です。

当事者間の話し合いが不調ならば、裁判所に判断を求めます。それが、法的整理です。数は、任意整理の方が圧倒的に多いです。

任意整理の場合、一方の当事者が弁護士など法律家に依頼することが、よくあります。別段、法律家に依頼しなくてもいいです。

かつては、債権回収のため暴力団に依頼することが、よくありました。取り立ては成功しても、その金は手数料名目であらかた暴力団の懐に入ったようです。

あるいは、当事者両人に信頼のある長老が斡旋するということもありました。

当事者が合意に達すれば良いのです。たとえば、「半分にする」「1 割だけ返済」「1 年間は利息分だけ返済」「返済期間を延長」「利子を下げる」等を合意すればよいのです。

なお、任意整理ではないのですが、「放置」ということが案外多くあります。数万円の貸し借りの場合、「貸して、それっきり」ということが、よくあります。

「借りた金は絶対に返す」と「無い袖は振れない」

　日本では、「借りた金は絶対に返す」という意識が極めて強く、それは「人道・道徳」にまでなっています。

　水戸黄門のドラマでは、親の借金のため娘が売られるストーリーが必ず登場します。ストーリーでは娘が売られるまでは容認されています。「親孝行の娘」です。金貸しが、別の悪事をはたらいて水戸黄門登場となり、ついでに、娘も救済されます。つまり、借金返済のためには、娘を売ることは、涙をともなうものの「親孝行」なのです。ああした、ドラマによって、脳の奥に「借りた金は絶対に返す」という意識がしみ込んでいったのでしょう。

　「借りた金は絶対に返す」の対局に「無い袖は振れない」があります。返済の意思はあっても、実際に、無いものは無いから返済できない、というものです。そして、「無い袖は振れない」は、「いいかげんな奴、なげやりな奴」というマイナスイメージです。だから、日本は金貸し業にとっては、天国です。

　本当は、次のように考えるべきです。

　　「借りた金は絶対に返す」…願望
　　「無い袖は振れない」　　…事実

　願望は多くの場合、夢であり、嘘です。何事も、事実をまず認識することが重要です。事実を認識した上で、願望・夢を語ることはいいのですが、事実無視の願望・夢は嘘となります。

　債権債務の当事者が、願望・夢・嘘にもとづく合意をしたところで、それは、すぐに破られます。事実にもとづく合意が、任意整理の要です。

よくある事例

　債務者が債権者（金融機関）に「お金が今ないので、待ってくれませ

んか」という。

　当然、債権者（金融機関）は、「いつまで待ちましょうか」と尋ねます。

　この時、債務者は、なんら根拠なく「年内には必ず」と言ってしまいます。「根拠なき自分の願望」を述べてしまいます。正直に「今は、分かりません。」とは、言いません。

　私の経験を１つ。相談者は「毎月の収入が 40 万円です。借金返済額が毎月 38 万円です」と言います。

　「それで、どうするつもりですか？」

　「38 万円を返済して、2 万円で生活します」

　実現不可能な願望を述べるのです。相談に来られたということは、内心「不可能かも」と思っているのでしょう。

事実を認めたくない、事実を知られたくない

　「借りた金は絶対に返す」は人道・道徳です。自分は、反人道・反道徳の人間になりたくない。そのことは、「事実を認めたくない」に繋がります。さらには、「事実を知られたくない」に繋がります。

　「事実を知られたくない」では、「近所の質屋へは行かない」という行動にもなります。隣近所に「質屋通い」「経済苦」を知られると、格好が悪い、という意識です。さらには、「配偶者に知られたくない」という意識もスゴク大きいものがあります。

　ＳＮＳでは、「家族に秘密で借金処理」を売り文句にしている事務所が多くありますが、それだけ、借金苦を家族に知られたくない、ということです。

　自分の「格好悪いこと」を、あらいざらい告白することは、とても難しいようです。人間は複雑怪奇なのです。これができれば、99％解決で、後は事務処理みたいなものです。

　借金処理とは、しょせん、単純な小学生レベルの算数です。事実を認め、事実を告白する。そうすれば 99％解決です。

Q9-2

任意整理を希望しても、金融機関は NO と言いませんか？

Answer

任意整理は、とても進化しました。昔とは違います。

大虐殺時代

1991 年 3 月、バブル崩壊。

不良債権時代に突入した。

それは、就職氷河期（1993 ～ 2005 年）を伴っていた。

1995 年、政府は「大手金融機関は破綻させない（中小の不良金融機関は市場から退場）」の方向に動いた。同年から、中小の金融機関の破綻が始まった。

しかし、中小だけではなく、大手も破綻した。

1997 年 11 月、北海道拓殖銀行が破綻。

1998 年　日本長期信用金庫（長銀）、日本債券信用銀行（日債銀）、山一証券、三洋証券など大手が続々と破綻した。

大中小の金融機関破綻は 180 に及んだ。

むろん、金融機関だけでなく、大手スーパー、ゼネコンも破綻した。大企業の 1000 億円以上の債務放棄が続々と行われた。すなわち、「金融機関さん、借金返済できないので、棒引きにしてください」という申し出に対し、金融機関は承知するしかなかった。大企業は「無い袖は振れない」を堂々と実行したのでした。

1998 年（平成 10 年）の年末、日本の自殺者数が 3 万 2800 人を突破、

第 9 章　借金処理　241

と報道された。ビックリ仰天した。あの時の仰天を今でも覚えている。それまで、日本の年間自殺者数は、2万2000人から2万4000人で推移していた。それが、一挙に1万人も増加したのである。

2002年2月～2007年11月は、「名ばかり好景気」「特定数字だけの景気回復」「実感なき景気回復」でした。

2008年（平成20年）9月、リーマンショックが勃発、大不況が押し寄せました。

2009年、第2のセーフティネットの構築、そして、2009年12月、亀井静香の「中小企業等金融円滑化法」（246頁参照）が施行された。「金融円滑化法」施行によって自殺者数は減少に向かい、2012年は3万人を下回りました。3万人超えは、1998～2011年の実に14年間も継続したのです。その間、「借金苦・経済苦」による自殺が10万人もいたのです。経済失政による借金苦自殺の「大虐殺時代」でした。

図表 9-2-1　自殺者数の推移

年	自殺者総数	備考
1995	22,445	
1996	23,104	
1997	24,391	11月北海道拓殖銀行破綻
1998	32,863	長銀、日債銀、山一の破綻
1999	33,048	
2000	31,957	
2001	31,042	
2002	32,143	
2003	34,427	自己破産最高25万件
2004	32,325	
2005	32,552	
2006	32,155	
2007	33,093	
2008	32,249	9月リーマンショック
2009	32,845	12月金融円滑化法施行

2010	31,690	
2011	30,651	
2012	27,858	
2013	27,283	
2014	25,427	
2015	24,025	
2016	21,897	
2017	21,321	
2018	20,840	
2019	20,169	
2020	21,081	
2021	20,083	
2022	21,881	
2023	21,818	

出所：警視庁『自殺統計』など

任意整理が進化した

　政府が何もしないわけではなかった。世間は銀行支援に批判的でした。借金棒引きはモラルハザードとして批判されました。政府の手探り、右往左往は省略します。

　最も画期的なのは、1999 年 2 月、「債権管理回収業に関する特別措置法」（サービサー法）が施行されたことです。

　内容は、金融機関が持つ不良債権を、格安でサービサー（真面目な債権回収業）に売り払うことが可能となったのです。単純に言えば、1 億円の不良債権が 300 万円で売られるのです。不動産担保もない不良債権など、いくら回収できるか分かりません。だから、額面の数％で売られるのです。サービサー法ができるまで、金融機関は不良債権を格安で売却することはできませんでした。だから不良債権が貯まるだけ。それで強引な債権回収（貸しはがし）などが横行しました。サービサー法で不良債権を減らせるようになったのです。

　それから、2000 年 4 月、民事再生法が施行。2001 年 4 月、個人版民

事再生法が施行されました。これも画期的でした。しかし、施行当初は脚光を浴び、かなり利用されたのですが、「かなり面倒くさい」ということ、そして「任意整理」が進化して、同じようなことが、「進化した任意整理」で可能になっていったので、現在では、あまり利用されていません。

滌除＋α

マスコミは大所高所の経済政策を盛んに報道していました。私は、大所高所の経済政策ではなく、「現に苦境の人への具体的処方箋はないか。自殺者が3万人を超えてしまった」と日々、考えるようになりました。そして、たどり着いたのが、民法の「滌除」です。そして、滌除とサービサー法を組み合わせた、「滌除＋α（アルファ）」の借金処理法を開発しました。

そして、2001年（平成13年）秋、『誰も知らない借金・抵当権消滅法』（中央経済社）を発刊しました。

※この本は、現在『そうか！こうすれば借金・抵当権は消滅するのか。（改訂版）』（中央経済社）になっています。

大阪の人で、たまたま書店で、この本を手にしてパラパラ読みだしたら、立ち読みで全部読んでしまいました。そして、そのまま具体的な相談をするため新幹線で東京まで来た人がいました。

交通費がないので、長々と電話相談したことは、何度もありました。

そうこうしていたら、2003年（平成15年）の通常国会で、民法の「滌除」が改正されてしまって、2004年4月1日施行となりました。今はなき滌除の条文を説明しても無駄なのでしません。「滌除」が改正されて、名称が「抵当権消滅請求」に変更となりました。要するに、滌除とは、債務者側が債権者（金融機関）に抵当権消滅請求ができる、という債務者側の天下の宝刀なのです。民法が改正されても、この天下の宝刀はしっかり生きています。

「滌除＋α（アルファ）」の単純モデルを。A氏の債務残高は2億円です。A氏所有の不動産が抵当に入っていますが、抵当権がない場合でも1億5000万円でしか売却できません。1億5000万円が時価相場であれば、抵当権消滅請求をしなくても、金融機関は抵当権を外してくれます。もしも、金融機関が抵当権を外さないなら、滌除（抵当権消滅請求）となります。滌除があるから、金融機関は素直に抵当権を外すのです。

売却して1億5000万円を返済しても、残債務5000万円が残ります。この残債務は、担保なしの完全な不良債権です。金融機関はサービサーに格安で売却します。サービサーは、額面どおりの5000万円を請求しますが、本音は100〜300万円の回収です。むろん、サービサーは本音を言いません。でも、サービサーの実態・目的を承知していれば、以心伝心の100〜300万円のお願い交渉となります。かくして、2億円の借金消滅です。

住宅ローン破綻の場合、親戚に安く買ってもらって安い賃貸料で住むこともあります。

第2会社方式

これは、中小企業庁のHPにものっていました。地方の温泉ホテルの経営者B氏には10億円の借金があります。2億円なら返済できるのですが、10億円では、どうにもなりません。跡取り息子が第2会社を設立して、第1会社の優良部門だけを第2会社（温泉ホテル＋借金2億円）に移します。第1会社は抜け殻と借金8億円です。B氏は、第1会社の社長として留まりますが、通常は破産します。かくして、地方の大企業である温泉ホテルは生き残ります。

別段、温泉ホテルに限った話ではありません。

亀井静香の「金融円滑化法」

2009年12月、亀井静香の「金融円滑化法」が施行されました。内容は、金融機関は債務者の話をちゃんと聞きなさい、という程度です。大半の人は「苦しくなった債務者が、金融機関に相談しても何もしてくれない」と信じていました。私のみならず不良債権に関わっている者は、金融機関は「相談にのってくれる」「返済条件を変更してくれる」ということを知っていましたが、大半の人は知りませんでした。

したがって、借金苦の渦中の人にとって、亀井静香の金融円滑化法は、まさに「天の恵み」でした。私の所への借金処理相談は、パタリと無くなりました。まったく、「すごいな〜」と感動しました。私の「すごいな〜」は的中して、自殺者数は減少に転じました。

不良債権処理の現場から遠い評論家や議員は、亀井に対して「借金をチャラにする」なんて、モラルハザードだ、なんて批判をしました。「返済条件の変更」が「借金チャラ」に変質して、批判するのは、まったく困った論評でした。

金融円滑化は、今は存在しません。でも、事実上、生きています。金融機関は、「返済条件を変更してくれる」のです。

Q^{9-3}

自己破産したいけれど、その費用がありません。

A nswer

法テラスの利用を。

法的整理

借金処理は、任意整理（私的整理）と法的整理に分かれます。金の貸し借りは、当事者間で合意に達すれば、わざわざ裁判所に依頼することはありません。裁判所に依頼して結論を得るのが法的整理です。何種類もあります。

①特定調停（民事調停の一類型）

簡易裁判所に申し込みます。イメージは、任意整理を、公平な第三者の専門家がいる調停の場で行う、というものです。費用は、数千円です。弁護士は不要です。

②破産

個人の破産と法人の破産があります。弁護士に依頼します。厳密に言えば、弁護士に依頼しなくても可能なのですが、裁判所が嫌がります。

図表 9-3-1　破産の種類

	債務者が申立	債権者が申立
債務者が法人	法人の自己破産	法人の債権者破産
債務者が個人	個人の自己破産 （ここ数年は年間 7 万数千人）	個人の債権者破産 （あまりない）

出所：著者作成

③特別清算（会社法）

第 9 章　借金処理　　247

会社が円満に解散（精算）する手続きをしていたら、債務超過の疑いが出た。その場合の制度です。

④会社更生法

大企業の話です。

⑤民事再生法

2000年に法律が施行された。2001年に個人版が追加された。債務カットは当たり前、7割、8割カットも、ザラにある、ということで、当初は大いに利用された。しかし、だんだん少なくなった。「進化した任意整理」で同様のことが可能になったからです。

⑥訴訟

極めて悪辣な金融業者に対して「債務不存在確認訴訟」、「不当利得返還訴訟」を起こす。とても希です。

160人に1人が自己破産者

バブル景気の頃は自己破産は1万人以下だった。バブル崩壊（1991年）後、自己破産は増加して、2003年に最高の25万人に達しました。その後、漸減して、2014年からは毎年7万人台となっています。単純計算で、10年間で70万人が自己破産しています。

日本の総人口は1億2000万人、赤ちゃんや小学生で自己破産する人はいないだろうから、14歳までを差し引くと、1億1000万人。

70万 ÷ 1億1000万 = 0.0063

10000 ÷ 63 = 159

ということで、約160人に一人が自己破産者となります。

これが、日本の現状です。どう考えるべきか。多いか、少ないか。アメリカよりは格段に少ないです。日本では、「自己破産を嫌がる」「借金は絶対に返済」という意識が強いのでしょう。

法テラス

自己破産をするには、お金が必要です。金がないから自己破産する

のですが、そのためには、金がいる。金がないから、自己破産できない。ああ、どうしようー。

　個人の自己破産の費用は、裁判所へ収める金が、スッテンテンの場合は約３万円である。目ぼしい財産（不動産など）がある場合は、跳ね上がる。法人の場合も、かなり高い。自己破産者の大半は、約３万円です。これはジタバタしても絶対に必要な金額です。

　問題は、弁護士費用です。内容にもよりますが、20万〜50万円です。

　そこで、「法テラス」（日本司法支援センター）です。

　法テラスは、国が設立した公的機関で、全国にあります。

　無料法律相談を実施しています。

　法テラスを通じて弁護士に頼めば、通常費用というか、安い弁護士費用で引き受けてくれます。

　その弁護士費用がない場合、法テラスを通じて「民事法律扶助業務」の利用となります。経済的に余裕がない人に、費用の立替をしてくれます。

　立替ですから、通常は分割払いで返済しますが、別途、日本弁護士連合会の委託事業で、「償還免除」もあります。生活保護の人は償還免除になりますが、そうでない人も償還免除になるケースがあるようです。借金苦・生活苦の人は、千差万別なので、一概には言えません。法テラスでの無料相談の際に、よく聞いてください。

　なお、法テラスが扱う事件の90％は、自己破産です。他には離婚、交通事故などがあります。

法テラス・サポートダイヤル
0570-078374…ただしIP電話、プリペイド携帯は通話できません。
03-6745-5600
全国に事務所がありますので、たとえば、「法テラス長野」で検索すれば、長野県の法テラスがでてきます。

第９章　借金処理　249

Q 9-4

ヤミ金に引っかかった。どうしようか。

Answer

悪質ヤミ金なら、警察へ。

ヤミ金とは

無登録の金貸し業者、あるいは出資法又は利息制限法の上限金利以上の金利（現在は年 20％が上限）で金貸しを行う業者で、法律違反の業者です。やっていることは犯罪です。

「といち」と言う言葉がありますが、「10 日で 1 割の利息」のことです。それどころか、「とと」もありました。「10 日で 10 割」ですから、10 日たつと倍になってしまう。完璧な違反・犯罪です。

ヤミ金業者は違法・犯罪と知りながら、無知な一般人を騙して、荒稼ぎします。違法・犯罪ですから、そもそも貸付自体が無効なので元本すら返済無用です。しかし、大半は暴力団関係者ですから、巧妙さ、恫喝はプロですから一般人はイイナリになってしまいます。

石原裕次郎の『嵐を呼ぶ男』の歌のラストは「♬借金取りも逃げていく〜♬」です。つまり、借金取りは、ものすごく怖い存在で、裕次郎は借金取りよりも強い、ということです。まあしかし、あの歌詞は甘い。ドラムを叩いたって、借金取りは逃げていかないのだから。

警察はスゴイ

通常、ヤミ金は 3 〜 5 万円を貸します。

私が相談を受けた最も悪辣な例を紹介します。「お金貸します」の電柱のポスターを見て、電話をしたら、すると、すぐやってきた。たいし

た説明もなく、お金を置いていった。いわゆる「押し貸」です。3日後に返済しよとすると、利息がとんでもなく高い。あれやこれやで2カ月たった。3万円借りただけなのに、すでに100万円も返済しています。それなのに、なお、100万円の残高があると言われています。2カ月で体重が10キロも減ったという。

　私は、警察に連れていって、事情を話しました。担当警察官は、話を聞いている時は穏やかな口調でしたが、「じゃあ、先方に聞いてみましょう」ということで、金貸し業者に電話をしました。それからが、すごかった。テレビドラマのようでした。

　「○○警察だが、今、△△さんが来ている。てめぇーの所は、ヤミ金やってるのかー、こっちへ出向いてくるかー、それともガサ入れようか、どうなんだー」と、まあ、すごい迫力でした。先方の返事は、「その方との債権債務はすでに終了しています。一切、終わっています」と、いうことでした。これにて、オシマイ。

　似たような事例が数回ありました。全部、警察の電話1本でオシマイでした。考えてみれば、ヤミ金側はすでに元本の数倍、数十倍も稼いでいたので、警察沙汰を絶対にさける方針なのでしょう。

　法テラスの弁護士に無料法律相談をしてもいいのですが、電話1本ですむのかどうか。案外、内容証明を書いたり、手間暇をかけるかも知れません。

　それにしても、警察はスゴイ。

なぜ誰も、「上限金利20％を下げろ」と言わないのか

　上限金利、年20％は、はたして妥当なのでしょうか。他国の上限金利を調査すれば、たぶん、20％よりも相当低い国があると思います。なぜ、「下げろ」という声がでないのか、不思議でなりません。

コラム　小倉百人一首……しぶとく生き残る

小倉百人一首の83番

世の中よ　道こそなけれ　思ひ入る　山の奥にも　鹿ぞ鳴くなる

（皇太后宮大夫俊成＜藤原定家の父＞）

（現代語訳）世の中には、（つらさ・悲しみから逃れる）道はないようだ。（人里離れた）山の奥でさえ、鹿が＜悲しい声で＞鳴いているなぁ（もう、死ぬしかない）。

しかし、次の84番

ながらへば　またこのごろや　しのばれむ　憂しと見し世ぞ　今は恋しき

（藤原清輔朝臣）

（現代語訳）（もし、この世にしぶとく生き）永らえていたら、（つらく悲しい）今が、懐かしく思うことだろう。（かつて）苦しかったと見えたあの時を、今は恋しく懐かしいと思うのだから。

83番は、つらい、つらい、悲しい、悲しい、もう、死ぬしかない。84番は、死んだらだめだよ。しぶとく生きていれば、なんとかなって、今のつらさが懐かしく思うようになりますよ。
撰者の藤原定家は、83番の次に84番を持ってきた。さすが、定家は大したものです。

第10章
老後

Q 10-1

やや IQ が低いが、知的障害のレベルではありません。
親が亡くなって一人暮らしになり、心配です。

A nswer

成年後見制度の前段階の日常生活自立支援事業を考
えてください。社会福祉協議会が日常金銭管理サー
ビスなどを行います。

成年後見制度

成年後見制度には2種類あります。

任意後見制度…判断力のある時期に、先のことを考えて、事前に任
意後見人を決めておく。

法定後見制度…判断力が低下したので、家庭裁判所が、補助（人）、
補佐（人）、後見（成年後見人）を選ぶ。

・後見…判断能力を欠く

・補佐…判断能力を著しく不充分

・補助…判断能力が不十分

日常生活自立支援事業（地域福祉権利擁護事業）

1999年（平成11年）に、「地域福祉権利擁護事業」が設けられました。
2007年（平成19年）に、国は名称を「日常生活自立支援事業」に変更
しました。今でも、自治体の中には「地域福祉権利擁護事業」を使用し
ているところが多くあります。基礎用語がバラバラなので、右往左往す
ることがあるようです。

＜対象者＞は、「判断能力が不十分」な人です。つまり、成年後見制
度の「補助」と同じレベルです。ですから、イメージとしては、成年後
見制度の前段階という感じです。

一般の人は、成年後見制度に関しては、ぼんやりですが一応は知っていますが、「日常生活自立支援事業」に関しては、まったく分かっていません。それどころか、聞いたことがない人が大半です。しかし、「日常生活自立支援事業」の方が、たぶん、重要といえます。成年後見制度が使いづらいので、「日常生活自立支援事業」が普及しつつあります。

　　＜実施機関＞は、社会福祉協議会

　　＜援助内容＞は次の３種類に分類されます。ズラズラ書きますが、要するに、援助は「限定的」です。それに比較して、後見制度は「無制限」です。判断能力が少しはある人にとっては「財産を全部まかせる」よりは、安心なのです。

　⑦福祉サービスの利用援助
　　①介護保険の福祉サービスを利用するための手続き
　　②福祉サービスについての苦情手続き
　　③住宅改修、居住家屋の賃貸、日常生活上の消費契約、及び住民票の届出等の行政手続きに関する援助、その他福祉サービスの適切な利用のために必要な一連の援助
　　④福祉サービスの利用料を支払う手続き
　⑦日常的金銭管理サービス
　　①年金及び福祉手当の受領に必要な手続き
　　②医療費を支払う手続き
　　③税金や社会保険料、公共料金を支払う手続き
　　④日用品等の代金を支払う手続き
　　⑤、①～④の支払いに伴う預金の払い戻し、解約、預金の預け入れの手続き
　⑦書類等の預かりサービス（保管できる書類等）

①年金証書

②預貯金の通帳

③権利証

④契約書類

⑤保険証書

⑥実印・銀行印

⑦その他、実施主体が適当と認めた書類（カードを含む）

日常生活自立支援事業と法定後見制度の違い

　図表のとおりです。根本的違いは、一方は「限定的」、他方は「後見人の権限が大きい」ということです。

　流れは、㋐社協の日常生活自立支援事業の利用者増加、㋑後見人制度の改正、と思います。

図表 10-1-1　日常生活自立支援事業と法定後見制度の違い

日常生活自立支援事業	法定後見制度
社会福祉協議会と契約して利用するサービス （契約の意味、内容を理解できることが必要）	家庭裁判所の審判によるもの （契約の意味、内容を理解できなくても活用が可能）
福祉サービスの利用援助、書類預かり、日常金銭管理がサービスの内容 （代理権の範囲は本人が指定した金融機関口座の払い戻し手続等に限定。取消は不可）	身上監護、財産管理を行う判断能力の程度により類型（補助・補佐・後見）が決まり、後見人等の権限によって代理や取消ができる。
本人の居場所は在宅が基本となっている場合が多い。（実施主体によっては、施設や病院に入所。入院している場合も利用可能。） 本人の意思でサービスを終了することができる。	在宅に限らず、居場所が変わっても後見人による支援が見込める判断能力の回復がない限り、亡くなるまで制度活用をすることとなる。
実施主体によって利用料が決まっている。	本人の財産、後見人の業務の内容によって、後見人の報酬は家庭裁判所が決定する。

出所：社会福祉法人・山口県社会福祉協議会パンフ『住みたい地域で安心して暮らしたい！』

Q 10-2

単身です。死んだら後が心配です。

Answer

死後事務サービスの団体も生まれています。

高齢者等終身サポート事業

高齢者の単身世帯が増加している。そして、高齢者等に対して、

①身元保証等サービス……病院や介護施設等に入る際の「保証人」
　となる

②死後事務サービス

③日常生活支援サービス

この３つが増加しています。今後も増加する勢いです。

それゆえ、2024 年（令和６年）６月、内閣官房（身元保証等高齢者サポート調整チーム）など関係省庁は『高齢者等終身サポート事業者ガイドライン』をまとめました。読めば、至極もっともなことが書いてあります。

介護保険と成年後見の２本柱だけでは不充分です。人間生活は、そう単純ではないのです。２本柱の周りに、様々なサービスが発展しています。市町村も独自で様々なサービスを新設しています。

高齢になってから、介護保険、成年後見、日常生活自立支援事業、後期高齢者医療制度、年金、遺言・相続など、あれやこれやを勉強するのは大変です！

死後事務サービス

「身元保証サービス」や「日常生活支援サービス」は、介護保険や社

第 10 章　老後　　257

協の日常生活自立支援事業で分かりますが、「死後事務サービス」って何だろう、と思います。そこで、図表に書きました。

　なお、死後事務サービスの団体を知りたい方は、「地域包括支援センター」でお尋ねください。今後、この分野でも詐欺師が暗躍するかもしれません。

図表 10-2-1　死後事務サービスの例

①死亡の確認、関係者への連絡
②死亡診断書（死体検案書）の請求受領、火葬許可の市区町村への申請、火葬許可証及び埋葬許可証の受領、死亡届申請代行
③葬儀に関する事務
④火葬手続（火葬の申込、火葬許可証の提示）に関する手続代行
⑤収蔵（納骨堂）、埋蔵（墓地）、永代供養に関する手続代行
⑥費用精算、病室等の整理、家財道具や遺品等の整理
⑦行政機関での手続関係（後期高齢者医療制度資格喪失届、国民健康保険資格喪失届等）に関する代行
⑧ライフラインの停止（公共料金（電気・ガス・水道）の解約、インターネット・Wi-Fi 等の解約、固定電話、携帯電話、NHK 等の解約等）に関する手続代行
⑨残置物等の処理に関する手続代行（遺品目録の作成、相続人等への遺品・遺産の引渡し）
⑩墓地の管理や墓地の撤去に関する手続代行

出所：『高齢者等終身サポート事業者ガイドライン』

Q10-3

一番安いお墓は、どこですか？

Answer

東京都民の場合、たぶん、都立霊園の「合葬埋蔵」です。
3万円、一回支払いだけの所もあります。

安い、しかも、必ず当たる

東京都立霊園使用者の募集は、毎年6～7月にあります。抽選倍率は、たとえば八柱霊園の合葬埋蔵は毎年1倍以下なので必ず当たります。「安い」しかも「必ず当たる」。うれしいね。

令和6年度 東京都立霊園使用者の募集

参考までに、「令和6年度 東京都立霊園使用者の募集」の抜粋を掲載しておきます。

●多摩霊園

施設名	募集数	居住要件 （継続して）	生前 申込	使用料	管理料
一般埋蔵	300	都内5年以上	×	1,613,500～	あり
合葬埋蔵 （一定期間後共同埋蔵）	640	都内3年以上	○	60,000～	なし
樹林型合葬埋蔵（3号基）	2,360	都内3年以上	○	30,000～	なし

●小平霊園

一般埋蔵	95	都内5年以上	×	1,561,400～	あり
芝生埋葬	5	都内3年以上	×	3,504,000～	あり
合葬埋蔵（2号基） （直接共同埋蔵）	300	都内3年以上	○	53,000～	なし

第10章 老後　259

●八王子霊園

芝生埋蔵で 120 募集。1,288,000 円。

●八柱霊園…千葉県松戸市にあります。

| 一般埋蔵 | 315 | 都内または松戸市 5 年以上 | × | 307,500 〜 | あり |
| 合葬埋蔵 | 1,440 | 都内または松戸市 3 年以上 | ○ | 47,000 〜 | なし |

●雑司ヶ谷霊園

　一般埋蔵で 60 募集、3,138,750 円以上。

●青山霊園

　一般埋蔵で 60 募集、4,752,000 円以上。

●谷中霊園

　一般埋蔵で 75 募集、2,434,500 円以上。

●染井霊園…豊島区駒込にあります。

| 一般埋蔵 | 75 | 都内 5 年以上 | × | 2,434.500 | あり |
| 立体埋蔵（第 1 区） | 25 | 都内 5 年以上 | × | 597,000 円 | なし |

　一応、用語解説。

　テレビのクイズ番組で出題されるかもしれません。

　「埋蔵（まいぞう）」…火葬した後の遺骨をお墓に埋める。

　「埋葬（まいそう）」…死体を土の中に埋める。つまり、「土葬」のこと。

　「収蔵（しゅうぞう）」…納骨堂に遺骨を収める。

余談 1、世界 1 の火葬大国

　幕末の時代、仏教の葬儀埋葬の基本は火葬でした。お釈迦様は火葬だったからでしょう。明治維新となり、一挙に神道が力を持ちました。神道は火葬に反対しました。1873 年（明治 6 年）7 月 18 日、明治維新政府は、火葬禁止令を出しました。そして、青山霊園、雑司ヶ谷霊園、谷中霊園が造成されました。それを承知で、その 3 霊園を巡れば、「1 区

画が広い箇所」が見つかるかも知れません。仏教側、東京府は反対しました。衛生面、土地不足も指摘され、1875年（明治8年）5月23日、火葬禁止令は解除されました。

　幕末・維新の時期は土葬の方が多かったのです。火葬は燃やす材木が必要ですが、土葬は穴を掘るだけですみますから、安上がり、そんな理由があったと想像します。

　1900年（明治33年）の火葬率は約30%

　1960年（昭和35年）で約63%

　1980年（昭和55年）で約91%

　2020年（令和2年）で99.97%

　こんなにも火葬ばかりの国はないようです。日本は世界最大の火葬大国となりました。

　現代では、土葬は数百件となっています。国際化の時代だから、ムスリムが多くなる。ムスリムは土葬なので、どうなるか、と心配している人がいました。

余談2、今やが樹林葬（合葬式）が過半数

　お墓の消費者全国実態調査（2023年）の「購入したお墓の種類」の結果です。

樹林葬	51.8%
納骨堂	20.1%
一般墓	19.1%
その他	8.9%

　樹林葬は、合葬式です。お墓・葬儀に関しては、急変しているようです。諸行無常。

JPCA 日本出版著作権協会
http://www.jpca.jp.net/

本書の無断複写などは著作権法上での例外を除き禁じられています。複写（コピー）・複製、その他著作物の利用については事前に日本出版著作権協会（電話 03-3812-9424, e-mail: info@jpca.jp.net）の許諾を得てください。

[著者略歴]

太田哲二（おおたてつじ）

1948 年　名古屋市生まれ
1971 年　中央大学法学部卒業
1973 年　中央大学大学院修士課程法学研究科修了
元・杉並区議会議員、「お金と福祉の勉強会」代表
著書に『住民税非課税制度活用術』（緑風出版）、『そうか！こうすれば借金・抵当権は消滅するのか。［改訂版］』『「世帯分離」で家計を守る［改訂版］』『介護・リハビリ・福祉の仕事しよう』『この手があった！少人数私募債活用のすすめ』『やっとわかった「年金＋給与」の賢いもらい方』（以上、中央経済社）、『韓国偉人伝』（明石書店）、『友を救う』（アートアンドブレーン）、『ゴミ恐慌 1992 年』（八重岳書房）『所得税０への道』（パラダイム）など。
作詞・企画にＤＶＤ『認知症予防・お口の体操「みんな笑顔・みんな元気」』（南雲堂）。

しぶとく生き残る秘策 77

2024 年 12 月 25 日　初版第 1 刷発行　　　　　　定価 2,000 円＋税

著　者　太田哲二Ⓒ

発行者　高須次郎

発行所　緑風出版
　　　　〒 113-0033　東京都文京区本郷 2-17-5　ツイン壱岐坂
　　　　［電話］03-3812-9420　［FAX］03-3812-7262　［郵便振替］00100-9-30776
　　　　［E-mail］info@ryokufu.com　［URL］http://www.ryokufu.com/

装　幀　斎藤あかね
制　作　Ｒ企画　　　　　　　　印　刷　中央精版印刷
製　本　中央精版印刷　　　　　用　紙　中央精版印刷　　　　　　　　E1000

〈検印廃止〉乱丁・落丁は送料小社負担でお取り替えします。
本書の無断複写（コピー）は著作権法上の例外を除き禁じられています。なお、複写など著作物の利用などのお問い合わせは日本出版著作権協会（03-3812-9424）までお願いいたします。
Tetuji OOTAⒸ Printed in Japan　　　　　　　ISBN978-4-8461-2414-4　C0036

住民税非課税制度活用術

太田哲二著

四六判並製
一一六頁
1500円

「住民税非課税限度額」のことを知る人は少ない。だが、住民税非課税世帯は各種の優遇措置ある。介護保険、医療費、保育、各種高等教育などで優遇措置が受けられます。本書は、優遇措置を受けていない人のための活用術を易しく解説。

プロブレムQ&A

「解雇・退職」対策ガイド

[辞めさせられたとき辞めたいとき]

小川浩一・龍井葉二著 【三訂増補版】

A5判変並製
三四四頁
2200円

リストラ、解雇、倒産に伴う労使間のトラブルは増え続けている。解雇・配置転換・レイオフ・肩たたきにどう対応すればいいのか？ 労働相談のエキスパートが改正労働基準法を踏まえ、有期雇用問題を増補。解決法を完全ガイド。

プロブレムQ&A

ひとりでも闘える労働組合読本

[リストラ・解雇・倒産の対抗戦法]

ミドルネット著 【三訂増補版】

A5判変並製
二八〇頁
1900円

派遣・契約・パートなどの非正規労働者問題を増補。個別労働紛争救済機関新設など改正労働法制に具体的に対応。労働条件の切り下げや解雇・倒産に、どう対処したらいいのか？ ひとりでも会社とやり合うための「入門書」。

転形期の日本労働運動

[ネオ階級社会と勤勉革命]

東京管理職ユニオン編

四六判上製
三二〇頁
2200円

慢性的な不況下、企業の倒産やリストラで失業者は増え続けている。だが、日本の労働運動は組織率が低下し、逆に混迷、無力化しつつある。本書は、一人一人が自立した連合をめざし、今後の展望と運動のありかたを提議した書。

メンタルヘルスの労働相談

メンタル・ヘルスケア研究会著

四六判並製
二四四頁
1800円

サービス残業等の長時間労働、成果主義賃金により、職場いじめ、うつ、自殺者などが急増している。本書は、相談者に寄り添い、相談の仕方、会社との交渉、職場復帰、アフターケアなどを具体的に解説。相談マニュアルの決定版。